# 中国人的人文精神

张岱年 著

哈尔滨出版社

图书在版编目（CIP）数据

中国人的人文精神 / 张岱年著. — 哈尔滨：哈尔滨出版社，2021.6
 ISBN 978-7-5484-6013-8

Ⅰ.①中… Ⅱ.①张… Ⅲ.①文化精神－研究－中国 Ⅳ.①G02

中国版本图书馆CIP数据核字（2021）第079176号

书　　名：中国人的人文精神
　　　　　ZHONGGUO REN DE RENWEN JINGSHEN

作　　者：张岱年　著
责任编辑：赵宏佳　尉晓敏
责任审校：李　战
封面设计：刘　霄

出版发行：哈尔滨出版社（Harbin Publishing House）
社　　址：哈尔滨市香坊区泰山路82-9号　邮编：150090
经　　销：全国新华书店
印　　刷：鑫艺佳利（天津）印刷有限公司
网　　址：www.hrbcbs.com　　www.mifengniao.com
E-mail：hrbcbs@yeah.net
编辑版权热线：（0451）87900271　87900272
销售热线：（0451）87900202　87900203

开　　本：880mm×1230mm　1/32　印张：10　字数：200千字
版　　次：2021年6月第1版
印　　次：2021年6月第1次印刷
书　　号：ISBN 978-7-5484-6013-8
定　　价：78.00元

凡购本社图书发现印装错误，请与本社印制部联系调换。
服务热线：（0451）87900278

## |前言|

## 传统文化的精华

### 张岱年

每一个人都属于一定的民族,即令他的国籍改变了,他属于那个民族还是改变不了的。作为民族的一分子,应有正确的民族意识,应具有一定的民族自尊心。但是,一个人如若缺乏民族自尊心,不具备正确的民族意识,这就是最可悲的了。在抗日战争时期,每一个不屈服的中国人,都常常说一句话,这句话就是:"我是中国人!"这就表示了强烈的民族自尊心。正是因为绝大多数的人民都具有民族自尊心,所以能坚持抗战,取得最后的胜利。

民族自尊心有一定的思想基础,这就是对于本民族的文化的优秀传统具有一定的认识。中华民族的文化源远流长,具有丰富而复杂的内容。其中既有陈腐的糟粕,也有优秀的精华。其糟粕日益显得陈腐可憎了，其精华则随着时间的演进而更显出灿烂的光辉。民族文化的优秀传统乃是这个民族所以能够自立于世界的思想基础，也是这个民族所以能够发展进步的思想源泉。中国文化的优秀传统包含许多精粹思想，这精粹思想也非止一端，然而有其最重要的核心。这优秀传统的核心何在呢？我认为，中国文化的优秀传统的核心就是关于人的自觉的思想。

人的自觉就是对于人与其他动物不同的特点有明确认识。孟子提出"人之所以异于禽兽者"，荀子提出"人之所以为人者"，这都是表示人与其他动物不同的特点的概念，提出这类明确的概念，即是具有比较明确的人的自觉。

中国古代哲学的中心议题即是如何做人，研究"为人之道"。中国古代哲学认为"为人之道"在于提高人的自觉，实现人的价值。

孟子认为人之所以异于禽兽者在于有恻隐之心、羞恶之心、辞让之心、是非之心。"无恻隐之心，非人也；无羞恶之心，非人也；无辞让之心，非人也；无是非之心，非人也。"（《孟子·公孙丑上》）荀子认为人之所以为人者在于有辨，他说："人之所以为人者，非特以二足而无毛也，以其有辨也。夫禽兽有父子而无父子之亲，有牝牡而无男女之别。……故人道莫不有辨。……辨莫大于分，分莫大于礼。"（《荀子·非相》）要而言之，孟、荀认为人与其他动物不同的特点在于具有道德意识，亦即具有道德的自觉，知道什么是应该做的，什么是不应该做的。这是中国古代儒家的基本观点。

古代儒家认为，因为人具有道德意识，这就超过了其他动物，从而具有很高的价值。孟子提出"良贵"学说，"良贵"即内在价值。孟子认为人人都具有内在价值，而人的内在价值的根据即在于具有"仁义忠信，乐善不倦"的品德。荀子论人最为天下贵说："水火有气而无生，草木有生而无知，禽兽有知而无义；人有气、有生、有知亦且有义，故最为天下贵也。"（《荀子·王制》）从人具有道德意识来论证人的价值，在今天看来，仍然是具有重要意义的。

墨家也提出关于人与其他动物不同的学说，《墨子·非乐上》云："今人固与禽兽、麋鹿、蜚鸟、贞虫异者也。今之禽兽、麋鹿、蜚鸟、贞虫，因其羽毛以为衣裘，因其蹄蚤以为绔屦，因其水草以为饮食。故唯使雄不耕稼树艺，雌亦不纺绩织纴，衣食之财固已具矣。今人与此异者也，赖其力者生，不赖其力者不生。君子不强听治，即刑政乱；贱人不强从事，即财用不足。"墨家提出人的特点是"赖其力者生，不赖其力者不生"，可谓卓识。所谓力主要指劳动。但墨家所谓力是广义，统治者"听治"，劳动者"从事"，都是用力。下文说"王公大人蚤朝晏退，听狱治政""士君子……竭股肱之力，亶其思虑之智，内治官府，外收敛关市、山林、泽梁之利"也都属于"赖其力"者。孟子曾区别了劳心与劳力，墨家则认为劳心亦是劳力。

墨子也强调义，认为一切活动都应该以"为义"为目的。墨子弟子问墨子:"为义孰为大务?"墨子回答:"能谈辩者谈辩,能说书者说书,能从事者从事,然后义事成也。"(《墨子·耕柱》)"为义"之事既包括体力劳动,也包括精神劳动。墨子主张"去喜、去怒、去乐、去悲、去爱""手足口鼻耳目,从事于义"(《墨子·贵义》),表现了自我牺牲的崇高精神。

在战国时代,儒、墨并称显学,都有重要的影响。但是汉代以后,墨学中绝了。在汉代以后近两千年的中国文化史上,起了重要作用的是儒学。儒家论道德,一方面特别重视对于社会的责任心,另一方面又高度肯定个人的精神生活。孟子有一段话表示这一思想最为明显。"禹、稷当平世,三过其门而不入,孔子贤之。颜子当乱世,居于陋巷,一箪食,一瓢饮,人不堪其忧,颜子不改其乐,孔子贤之。孟子曰:禹、稷、颜回同道。禹思天下有溺者,由己溺之也;稷思天下有饥者,由己饥之也。是以如是其急也。禹、稷、颜子易地则皆然。"(《孟子·离娄下》)"思天下有溺者,由己溺之""思天下有饥者,由己饥之",这是最强烈的社会责任心。颜子虽贫而乐,有高尚的精神生活,但没有显赫的事业。孟子认为"禹、稷、颜回同道",因条件的不同而有不同的表现,其本质是一样的。这就是表示,儒家是兼重个人的精神修养与社会责任的。

儒家重视个人的精神修养又强调社会责任心,这些思想观点,在今天看来,也都是必须肯定的。但是儒家有一个重要的缺点,即承认社会的等级差别是必要的。这在今天看来就必须加以批判了。墨家讲"官无常贵,而民无终贱",把等级差别看成相对的,但也承认上下贵贱之分。对于等级差别提出批评的是道家,道家否认了社会上的贵贱上下区分的合理性,这是道家的贡献。但是道家不重视社会责任心,又陷于偏失。这些问题,现在看得比较清楚了。

要而言之,古代思想家对于道德自觉性的高度宣扬,在今天仍应加以提倡。在变革的时代,应有一系列的观念转变,但是人应该做一个有道德的人,这仍然是确定不移的。

古今时异,时异则事异。这是人所共知。但是也有一些基本的生活规律是贯通古今的。《管子》说:"仓廪实则知礼节,衣食足则知荣辱。"这在今日仍是正确的。孟子亦说:"今也制民之产,仰不足以事父母,俯不足以畜妻子,乐岁终身苦,凶年不免于死亡。此惟救死而恐不赡,奚暇治礼义哉?"这与《管子》所说一致。孟子又说:"人之有道也,饱食、煖衣、逸居而无教,则近于禽兽。"这是完全符合事实的。在古代是如此,在现代也是如此。在"逸居而无教"的情况下,有的岂止近于禽兽,实比禽兽更为恶劣。这就必须加强社会教育。在经济发展的同时大力加强教育是绝对必需的。

中国文化优秀的传统中还有一些精湛的思想,如"天人合一""知行合一""以和为贵"等,然而最重要的是关于人们道德自觉性的思想。这确实是传统文化的精华。

目录

## 第一篇　传统与文明

炎黄传说与民族精神　003

中华民族精神与中华民族的凝聚力　015

爱国主义与民族凝聚力的思想基础　019

民族寻根与文化传统　023

易学与中华文明　026

学派的消长　029

论诸子的相反相成　031

孔子思想之精髓　038

汉代独尊儒术的得失　041

正确对待祖国民族文化遗产　050

## 第二篇　哲学与精神

中国哲学关于人生价值的思想　061

独立意志与独立人格　068

人之所以为人　072

"大地之性人为贵"——人的价值　075

关于人格类型的思想　077

理想人格的设计　079

"圣人，人伦之至也"——人与人际关系　081

自我实现与自我超越　085

谈中国传统哲学与自我实现　087

天人合一观念的起源与演变　093

儒家哲学是教育家的哲学　107

论墨子的救世精神与"摹物论言"之学　111

庄惠濠梁之辩　116

宋明理学的心性观念的分析　119

辨"程门立雪"　125

弘扬王船山的精粹思想　128

## 第三篇　道德与理想

生活理想之四原则　135

关于价值与理想（点滴）　148

对于善恶的认识　151

德、道德　153

兼、兼爱　157

中、中庸　159

情与无情　165

移风易俗与传统美德　183

## 第四篇　修养与性情

精神生活与精神境界　191

礼义与人心　200

意志自由　202

价值观的基本问题　204

真善美的价值　210

性善与性恶　213

动与静　227

人死与不朽　237

饮食之道——关于"美食""蔬食"的感想　251

## 第五篇　人格与生活

中国知识分子与人文精神　257

中国古代知识分子与刚健有为、自强不息的优良传统　267

漫谈读书　271

我和书的故事　277

喜读《新<三字经>》　281

我和北京大学图书馆　283

我的家庭和幼年时期　285

在京求学　288

记忆中的第一次　291

靠边站　293

怀念冯友兰先生　297

论胡适之——关于胡适之的一些感想　301

忆旧说梦　304

# 第一篇 传统与文明

『关于中华民族的民族精神，我提出一项见解，认为《周易大传》的两句话"自强不息""厚德载物"是民族精神的集中表述。"自强不息"就是坚持自己的主体性，努力上进，绝不休止。自强不息的精神亦称为刚健，刚健即积极进取、永不退缩。"厚德载物"则是一种博大宽容的精神，即待人接物，要具有宽容、宽柔的态度。』

# 炎黄传说与民族精神

## 炎黄传说的主要含义

炎帝和黄帝都是上古时代的传说人物。关于上古时代的传说很多，其中最有影响、具有典型性的是《汉书·律历志》所载。《汉书·律历志》依据《左传》与《周易·系辞》述上古时代的历史说："《春秋》昭公十七年'郯子来朝'，《传》曰昭子问少昊氏鸟名何故，对曰：'吾祖也，我知之矣。昔者，黄帝氏以云纪，故为云师而云名；炎帝氏以火纪，故为火师而火名；共工氏以水纪，故为水师而水名；太昊氏以龙纪，故为龙师而龙名。我高祖少昊挚之立也，凤鸟适至，故纪于鸟，为鸟师而鸟名。'言郯子据少昊受黄帝，黄帝受炎帝，炎帝受共工，共工受太昊，故先言黄帝，上及太昊。稽之于《易》，包牺、神农、黄帝相继之世可知。太昊帝，《易》曰：'包牺氏之王天下也。'……德始于木……作网罟以田渔。……炎帝,《易》曰:'包牺氏没,神农氏作。'言共工伯而不王,虽有水德,非其序也。以火承木,故为炎帝。教民耕农,故天下号曰神农氏。黄帝,《易》曰:'神农氏没,黄帝氏作。'火生土,故为土德,与炎帝之后战于阪泉,遂王天下,始垂衣裳,有轩冕之服,故天下号曰轩辕氏。"这认为炎帝即神农氏,黄帝即轩辕氏。按《易·系辞传》云:"古者包牺氏之王天下也,仰则观象于天,俯则观法于地,观鸟兽之文与地之宜,近取诸身,远取诸物,于是始作八卦。……作结绳而为网罟,以佃以渔,……包牺氏没,神农氏作,斫木为耜,揉木为耒,耒耨之利,以教天下,……日中为市,致天下之民,聚天下之货,交易而退,各得其所,……神农氏没,黄帝尧舜氏作,通其变,使民不倦,……黄帝尧舜垂衣裳而天下治。"这是说神农氏是农业和商业的创始人,黄帝是衣裳的创始人。

  清代史学家崔述对于《汉书·律历志》的记载提出疑问,崔氏所著《补上古考信录》云:"《易传》曰:包牺氏没,神农氏作;神农氏没,黄帝尧舜氏作,是包牺神农在黄帝之前也。《春秋传》曰:黄帝氏以云纪,故为云师而云名;炎帝氏以火纪,故为火师而火名;共工氏以水纪,故为水师而水名;太昊氏以龙纪,故为龙师而龙名,是炎帝太昊在黄帝之后也。包牺神农在黄帝之前,炎帝太昊在黄帝之后,然则包牺氏之非太昊,神农氏之非炎帝也明矣。"崔氏认为《左传》郯子所说绝非逆数,"况于历举古帝王之沿革乃反无故而逆数耶？"于是以为炎帝与神农氏不是一人。按就《左传》郯子之言而论，以为是由先而后，或由近溯远，都是讲得通的。崔氏以为郯子一定是按先后次序讲，亦无充分证据。我认为，《汉书·律历志》所说，炎帝即是神农氏，还是可以承认的。

关于上古的传说亦有多种。《韩非子》讲有巢氏和燧人氏。《韩非子·五蠹》云："上古之世，人民少而禽兽众，人民不胜禽兽虫蛇；有圣人作，构木为巢，以避群害，而民说之，使王天下，号之曰有巢氏。民食果蓏蚌蛤，腥臊恶臭而伤害腹胃，民多疾病；有圣人作，钻燧取火，以化腥臊，而民说之，使王天下，号之曰燧人氏。"这有巢氏和燧人氏当更在包牺氏、神农氏之前。燧人氏是火的发明者，在人类历史上的贡献是非常巨大的。《淮南子·览冥训》有关于女娲的传说："往古之时，四极废，九州裂，天不兼覆，地不周载，火爁焱而不灭，水浩洋而不息，猛兽食颛民，鸷鸟攫老弱，于是女娲炼五色石以补苍天，断鳌足以立四极，杀黑龙以济冀州，积芦灰以止淫水。"这是女娲补天的故事。此篇末节又云："伏戏、女娲，不设法度，而以至德遗于后世。"以伏戏、女娲并称，伏戏氏即包牺氏。则女娲当与伏戏同时，而在神农氏之前。三国时代，又有盘古氏的传说。吴国徐整《三五历纪》云："天地混沌如鸡子，盘古生其中，万八千岁。天地开阔，阳清为天，阴浊为地，盘古在其中，一日九变，神于天，圣于地。"盘古氏传说比较晚出，可能是南方少数民族所传，而非中原地区所有。以上这些传说并非出于一个系统。近几十年来，一些史学家对于上古传说进行了研究清理，亦难有一致的结论。事实上，现在所能见到的传说资料只是上古传说的一部分，而最古的历史资料已经泯没不存了。《尚书·多士》云："惟殷先人，有册有典。"《左传》昭公十二年记载楚王谓左史倚相"能读《三坟》《五典》《八索》《九丘》"。这些最古的史料久已失传了。《三坟》《五典》中是否有关于炎帝、黄帝的传说，亦不可得而知。《汉书·艺文志》所著录的古代书籍，大部分亦已散佚了。《汉书·律历志》是班固根据刘歆所著删改而成的，当时所见的上古史料比现在多得多。近代发现了古人所未见的殷墟甲骨，但尚未发现殷人的典册。《左传》所载郯子的传说当远有端绪。我们没有理由认为《左传》《易传》关于上古的传说都是战国时人的臆造。

　　就其本质而论，春秋战国时期关于上古时代的传说，表现了当时人的上古史观，即对于上古史的看法。燧人氏是火的发明者，包牺氏代表渔猎时代，神农氏代表农业生产的开始，黄帝代表屋宇、衣服、文字的开始。这种上古史观还是具有深刻意义的。就《易传》《左传》以及《史记·五帝本纪》所载的上古传说而论，中国的上古传说有一个显著的特点，即显示了一种"以人为本"的思想倾向，认为人类文化的种种成就都是人所创造的，而不是上帝给予的，不是上帝的恩赐。这种以人为本的观点不同于以神为本，可以称为古代的人本主义或人文主义。中国没有上帝创造世界的神话,这是中国传统文化的一个特点。这种上古史观是一种伟人史观,虽然不是科学的,但比神造论(创世论)要进步。《礼记·乐记》说:"作者之谓圣,述者之谓明。"炎帝神农氏与黄帝轩辕氏都是伟大的作者。马克思主义唯物史观并不否认伟人在历史上的作用,伟人与群众在历史上的作用是相辅相成的。历来的史学家对秦皇汉武以及曹操的历史作用都予以肯定,对于上古时代创造文化的伟大人物更应有正确的理解。

这里应谈谈传说与神话的关系问题。20世纪20年代以来,史学界出现了疑古思潮,对于汉、晋、唐、宋的古史传记提出了疑问,这在当时对于廓清虚构的古史迷雾有一定的进步作用。但是疑古派有时走得太远,把儒家所传述的尧、舜、禹等都看作神话人物,炎帝神农氏、黄帝轩辕氏更被认为是神话人物了。幸而殷墟甲骨的发现证明殷商史并非虚构,而夏代以前都被否定了。于是中国上古历史大大缩短了。但是多年以来的考古发现,以丰富的地下材料证明中国文化在殷周以前已经有一个长期的发展过程。中国古史不应缩短,而应向上延长,还应将传说与神话区别看待。神与人有一个重要区别:神是不死的,人是有死的。传统中的尧、舜、禹以及炎帝、黄帝都是有死的,都是人而非神,这应该是比较明确的。庄子虽然曾称禹为神禹,这只是赞美之词,并非认为禹是神。把中国上古史看作一部神话,是没有根据的。

## 炎黄传说与三事并重

依据古代传说，炎帝神农氏和黄帝轩辕氏是中国文化的开创者。多年以来，人们都认为孔丘是中国文化的象征。孔子学说在两汉以后的思想史上确实居于主导的地位，但孔子是春秋时人，在孔子以前中国文化已经有高度的发展了。孔子主要是教育家、思想家，对于中华民族精神文明发展做出了重要的贡献，但是对于物质文明的发展却影响不大。从物质文明和精神文明的总体来看，认为炎、黄二帝是中国文化的象征，可能更适当些。"作者之谓圣，述者之谓明。"（《礼记·乐记》）孔子自谓："述而不作。"而炎、黄二帝是中国上古时代伟大的"作者"，是中国文化的奠基人。

炎黄传说有一个特点，即表现了三事并重。三事即是"正德、利用、厚生"，这是春秋时期晋、楚、齐等国卿大夫的共同见解。正德，端正品德；利用，便利器用；厚生，丰富生活。《左传》文公七年记载晋国郤缺之言云："正德、利用、厚生，谓之三事。"郤缺引《夏书》曰："劝之以九歌。"并解释所谓九歌云："九功之德皆可歌也，谓之九歌。六府三事，谓之九功。水、火、金、木、土、谷，谓之六府；正德、利用、厚生，谓之三事。"如果《夏书》所谓九歌，包含关于三事之歌，则三事之说来源久远了。由于资料不足，难以考定，但以正德、利用、厚生为三件要务，却是春秋时代很多人的共识。《左传》成公十六年记楚国申叔时之言云:"民生厚而德正,用利而事节,时顺而物成。上下和睦,周旋不逆,求无不具,各知其极。"又襄公二十八年记齐国晏婴之言云:"夫民,生厚而用利,于是乎正德以幅之。"晋国的郤缺、楚国的申叔时、齐国的晏子都谈到"正德、利用、厚生",足见"三事"在春秋之时不是个人的意见,而是一项当时共同肯定的原则。"三事"可以说是对于文化内容的全面的概括。"正德"是提高品德,"利用"是改进技术,"厚生"是使生活丰足起来。这是兼重精神与物质的全面观点。

春秋末年,孔子、老子、孙子同时并生,出现了儒家、道家等不同学派以及兵家的军事学。嗣后又出现了墨子学派。儒家是教育家,特别重视"正德",对于"利用"有所忽视。道家追求个人的精神自由,更不注重"利用"的问题。墨家重视百工之事,可以说是将"正德"与"利用"结合起来,但是提倡苦行,又偏离了"厚生"。这些情况表现了文化发展中的曲折现象。到了清初,颜元重新发现了"三事"的古训,大力加以提倡,亦未发生很大的影响。今天看来,春秋时的"三事"之说确有很高的理论价值。传说中的炎、黄二帝既具有高尚的品德,又致力于发明创造,将"正德、利用、厚生"三事并重,这是具有深远意义的。

## 何谓民族精神

近几年来,我多次论述中华民族的民族精神。这里试加以诠释。

先谈所谓民族精神的意义。所谓民族精神有广泛的意义,有严格的意义。从广泛的意义讲,凡是民族的思想意识都可以说属于民族精神。一个民族,作为一个整体,总有其共同的心理,即共同的思想倾向。这些共同的思想倾向,总起来称为民族精神。这所谓民族精神亦即文化传统的代称。

民族文化传统又包含不同层次。简单说来,民族文化包含学术文化与民俗文化。学术文化即是学者思想家的思想学说,民俗文化是民间大多数民众的思想意识。二者是相互影响、相互贯通而又相互区别的。学术文化有学术著作作为载体;民俗文化则是口耳相传,作为遗风旧俗而存在,并无专门著作,有时也见于学者的评论中。

广泛意义的民族精神包括所有的学术传统与民俗传统,内容广泛,其中既有先进的成分,也有落后的成分。

严格意义的民族精神专指能促进民族发展的积极传统。

文化传统的内容,从其价值来看,可以分为积极传统与消极传统。积极传统即能促进社会发展的传统,消极传统即落后的拖延社会发展的种种思想意识。

中国屹立于世界东方五千多年,必有其所以能够自立的思想基础。中华民族巍然屹立于世界的思想基础，即是中国文化中的积极传统，即是中华民族的民族精神。

民族精神必须满足两个条件，才可以成为民族精神。一是具有广远的影响，为大多数人所接受。二是能促进社会的发展，是推动社会前进的精神力量。

民族精神必然是文化学术中的精粹思想，在历史上曾经具有激励人心的作用，只有这样，才能称之为民族精神。

## 民族精神的自觉与弘扬

近几年来，关于中华民族的民族精神，我提出一项见解，认为《周易大传》的两句话"自强不息""厚德载物"是民族精神的集中表述。这只是用最简括的词句来表示民族精神的核心内容，这两句话有深厚的哲学基础和丰富的理论含义，这需要加以解释。自强不息的哲学基础是重视人格的以人为本的思想。厚德载物的哲学基础是重视整体的以和为贵的理论。

儒家最重视人格，强调人之为人。人格是近代的名词，古代称之为人品。儒家强调人与其他动物的不同，要努力做一个人，同时也承认别人也是人。做一个人就要努力提高自己的品德、知识、能力。所谓自强就是在德行、知识、能力各方面不断提高，从而保持自己的人格尊严。自强观念包含对于人的主体性的肯定,包含对于人的主观能动性的肯定。

古代哲学家曾经讨论"强"的问题。《中庸》云:"子路问强,子曰:南方之强与?北方之强与?抑而强与?宽柔以教,不报无道,南方之强也,君子居之。衽金革,死而不厌,北方之强也,而强者居之。故君子和而不流,强哉矫!中立而不倚,强哉矫!国有道,不变塞焉,强哉矫!国无道,至死不变,强哉矫!"这里分别论述了三种"强"。北方之强即勇力之强;南方之强即以柔胜刚之强。《老子》云:"胜人者有力,自胜者强。"又云:"柔弱胜刚强。"《中庸》所谓南方之强,显然是指老子而言。"和而不流""中立而不倚"之强,是道义之强。儒家强调道义之强,即在任何情况之下都坚持原则,不屈不挠。

"自强不息"就是坚持自己的主体性,努力上进,绝不休止。自强不息的精神亦称为刚健。《周易·乾卦·文言》云:"大哉乾乎,刚健中正,纯粹精也。"刚健即积极进取、永不退缩。《易传》提出刚健而加以宣扬,在中国历史上,刚健自强的思想起了激励人心的伟大作用。特别是在国家、民族遭受外来侵略的时候,志士仁人、爱国群众起来进行英勇的斗争,更显出刚健自强思想的光辉。

"自强不息"是积极进取的精神,"厚德载物"则是一种博大宽容的精神。老子宣扬以柔胜刚,《易传》则以"厚德载物"与"自强不息"并列对举,从而将刚与柔统一起来,"厚德载物"含有"宽柔以教"的意谓。厚德载物,即待人接物,要具有宽容、宽柔的态度。既肯定自己的主体性，也承认别人的主体性；既要保持自己的人格尊严，也要承认别人的人格尊严。在国际关系上，厚德载物的原则表现为和平共处，反对侵略战争。中华民族向来不主张向外进攻，古代建筑的长城，本是一种防御的工程，这也是中国文化中重视和平的表现。

厚德载物的思想基础是以和为贵的价值观，"和"的观念起源很早。《国语》记载，西周末年周太史史伯提出："和实生物，同则不继。以他平他谓之和，故能丰长而物归之。"所谓"和"即是多样性的统一。孔子弟子有子讲"和为贵"，孟子讲"天时不如地利，地利不如人和"。"和"的观念重视不同事物的相成相济，这是"厚德载物"的思想基础。

我们论述中华民族的民族精神，着眼于几千年来中国文化延续发展的思想源泉，而不是考察中国文化与外国文化的异同问题。"自强不息"的精神可以说是中国文化与西方文化共同具有的，并非中国文化的特点。"厚德载物"的宽容而爱好和平的精神，却是中国文化所独有的特点。中西文化既有彼此不同的特点，也有彼此相近的共同之处。既不能不见其异，也不能忽视其同。同异并观，才能达到全面的认识。

"自强不息"与"厚德载物"两句都出自儒家经典。汉代以后，儒学居于正统地位，因而儒家思想影响较大，这两句名言在历史上确曾起了鼓舞人心的积极作用。但是，从中国文化的长期发展过程来看，儒学实有所偏失。儒家特重道德的价值，宣扬"义以为上",对于物质生活的提高比较忽视,未能全面发扬春秋时人的"三事"并重的观点,专讲"正德",对于"利用""厚生"不甚注意。直至清代,一些学者论学术,列举义理之学、考据之学、辞章之学、经世之学,从不提到物理之学。唯有方以智提倡质测之学,亦未引起注意。虽然历代都有一些科学家对于自然科学做出了贡献,而自然科学未列入正统学术,因而自然科学的发展受到一定的影响。这不能不说是一件憾事。现在看来,春秋时代的"正德、利用、厚生"三事之说,把物质文明与精神文明列于同等重要的地位,才是文化全面发展的正确道路。炎黄传说表现了"三事"并重的观点,炎、黄二帝致力于发明创造以造福于人民,正是"自强不息""厚德载物"的具体形象。因此,以炎、黄二帝作为中国传统文化的象征,确实具有重要的意义。

# 中华民族精神与中华民族的凝聚力

近几年来,我多次著论,提出民族精神与中华精神的问题,认为任何一个文明民族都有其民族精神,而中华民族的民族精神可称为中华精神。我认为中华精神的核心内容就是"自强不息,厚德载物"。当然,中华民族精神有多方面的丰富内容,但其核心可以用这八个字来概括。

中华民族是一个多元融结的统一体,其中人数最多的是汉族。与汉族和睦共处的有五十多个少数民族,而汉族本身也是历史上许多民族融合而成的。汉族的前身是华夏族,在春秋时期,华夏族与戎狄等族逐渐融合,其后经过魏晋南北朝时代,又与匈奴、鲜卑、氐、羌等族融合而成为汉族。在宋元明清时代,汉族又与契丹、女真等族结合,进入20世纪,汉族与满、蒙、维吾尔、苗、藏、彝、壮等等少数民族汇合而为中华民族。

在历史上,各族之间也曾有过斗争,但自建立民国,各族和睦相处，成为一个统一的总体。中华人民共和国成立，执行正确的民族政策，各族之间更表现了空前的团结。近代以来，中国受到外国资本主义列强的侵略，各族人民同仇敌忾，合力抗敌，终于保卫了中华民族的独立主权，使中华民族昂首挺立于世界文明民族之林。

中华民族包括五十多个民族，但中国文化都是统一的。中国文化是中国各民族共同创造的，也涵盖着众多民族，而具有统一的民族心理。中华民族的各族人民各有不同的宗教和思想信仰，而彼此相容。"道并行而不相悖"，正是中华民族各种思想信仰兼容并存的基本情况，而儒家所倡导的"自强不息，厚德载物"构成了中华民族共同心理的核心内容。

自强不息涵盖着主体性的自觉。厚德载物显示着以和为贵的兼容精神。自强不息，从个人生活来说，就是努力前进、永不休止。孔子自述："其为人也，发愤忘食，乐以忘忧，不知老之将至。"这是自强不息的典型表现。从民族关系来说，自强不息即是坚持民族独立、保卫民族文化，绝不屈服于外来侵略。孔子盛赞管仲保卫华夏文化之功，说："管仲相桓公，霸诸侯，一匡天下，民到于今受其赐，微管仲，吾其被发左衽矣。"（《论语·宪问》）又尝论华夷关系说："裔不谋夏，夷不乱华。"（《左传》定公十年）强调保卫民族的独立与尊严。孔子亦反对向外侵略，认为对外应该是"远人不服，则修文德以来之。既来之，则安之"（《论语·季氏》）。孔子的这些思想开创了爱国主义的优良传统。后来各族历史上都涌现了不少为保卫民族主权而英勇斗争的民族英雄。

厚德载物就是以宽厚的态度兼容不同的事物，也即以和为贵的兼容精神。中国自古以来，强调"和"的价值。周太史史伯云："以他平他谓之和。"和即是多样性的统一。孔子弟子有若说："和为贵。"孟子说："天时不如地利，地利不如人和。""和"的观念是中华民族团结、融合的精神基础。

在中国的悠久历史上，有两个与其他国家或地区不同的特点。第一，不同的宗教彼此相容、并存共处，从来没有发生过宗教之间的武力冲突。第二，中国向来不主动向外扩张，长城便是对外采取防御措施的象征。

中国上古时代的原始宗教是多神教。孔子对于鬼神持怀疑态度，宣扬"务民之义，敬鬼神而远之，可谓知矣"，于是开创了以人为本位的仁学，以道德教化代替有神论的宗教，成为中国占统治地位的观念形态。两汉之际，佛教传入；东汉末年，道教产生，佛、道之间展开了论争，但彼此并存相容。唐宋以后，伊斯兰教、基督教都传入中国，亦彼此并存，但都不能动摇儒学的正统地位。多教之间，各不相犯。这与欧洲和印度的情况大不相同，这是厚德载物的兼容精神的显著表现。因此，各族之间，虽然宗教信仰不同，但依然能够相互团结。

战国时期，燕、赵各国建筑长城，秦始皇又加以修整，都是为了防御，而不是为了进攻。以后经过多次的民族战争，中国的版图逐渐扩大,边远地区逐渐归化。对于域外各邻国只要求其进贡,而不要求其纳土。这与近代西方列强争夺殖民地是大不相同的。在历史上,许多游牧民族逐渐接受中原文化,都是自愿的。如北魏孝文帝接受"华化",为隋唐统一奠定了基础。满族入主中原,夺取了汉族的政权,但是在文化上却被汉族同化了。两三千年来,中原文化在中国大地上一直居于统治地位,而且传播到东亚各地区,构成所谓"东亚文化圈"。这是外国人都承认的事实。在长期历史上占统治地位的儒学,不但影响到国内各民族,而且也影响到东亚各邻国,这也是不争的事实。中华人民共和国成立,马克思主义的哲学政治学说成为我国的主导思想,国内各民族莫不接受马克思主义的指导。而坚持民族尊严的爱国主义,维护国际和平的国际主义,是各民族共同坚持的原则。弘扬中国文化的优秀传统乃是建设中国特色社会主义所必需。

中华民族精神是中华民族凝聚力的思想基础。发扬中华民族精神,提高中华民族的凝聚力,是当前的重要任务。

# 爱国主义与民族凝聚力的思想基础

　　发扬爱国主义,提高民族文化素质,增强民族凝聚力,这是当前一个非常重要的具有实际意义的理论问题。首先应知,爱国主义、民族凝聚力,都有其一定的基础。爱国主义与民族凝聚力是相互密切联系的。民族凝聚力的物质基础即是这个民族的各阶层人民的共同利益。唯有民族的整体能保障这个民族各阶层人民的共同利益,才能形成这个民族的凝聚力。民族凝聚力还有其精神基础,亦即思想基础,这就是能维系人心、增强民族团结的思想意识。就中国而论,这也就是中国文化中的优秀传统。

　　中华民族是一个多元的统一体,包括汉族和五十几个少数民族。中华民族的文化也是一个多元的统一体。每一民族的思想意识都是很复杂的,但其中必有一个居于统治地位的主导思想。汉族人民在历史上曾有儒、释、道三教鼎立的传统,然而占主导的是儒学。少数民族更各有其自己的宗教,但也往往受到汉族思想的熏陶。在历史上,从汉代直至明清,占统治地位的思想是儒学。中华人民共和国成立,儒学的统治地位一去不复返了。中华民族的指导一切的主导思想是马克思主义。

儒学有复杂的内容,在儒家思想中有许多具有时代性的内容,即具有一定的阶级局限性,但是也有一些思想观念具有一定的普遍意义。这些具有一定普遍意义的思想观念在历史上曾经起了促进文化发展的积极作用。这里只举出两点:一是关于人格价值的思想;二是关于人际和谐的思想。

第一,儒家肯定人的价值。《孝经》述孔子说:"天地之性人为贵。"人是天地之间最宝贵的。每一个人都有其独立的意志。孔子说:"三军可夺帅也,匹夫不可夺志也。"匹夫有其不可夺的意志,即具有独立的人格。孟子提出大丈夫的标准:"居天下之广居,立天下之正位,行天下之大道。得志,与民由之;不得志,独行其道。富贵不能淫,贫贱不能移,威武不能屈,此之谓大丈夫。"这是独立人格的最高表现。独立人格有两方面的含义:一方面要有做人的自觉,坚持人格尊严;另一方面要有社会责任心,坚持履行对国家、民族的义务。孟子提出"所欲有甚于生者""所恶有甚于死者",这"所欲有甚于生者"即是保持人格尊严,这"所恶有甚于死者"即是人格的屈辱。中国自古以来有一个"士可杀不可辱"的传统,即坚持人格尊严的优良传统。中国自古以来更有一个发扬社会责任心的传统。顾亭林说:"天下兴亡,匹夫有责。"一方面强调人格尊严,一方面强调每个人应有社会责任心。这两方面结合起来，保证了社会的正常发展。

第二，儒家宣扬人际和谐。孔子弟子有若说："礼之用，和为贵。"孔子也说："君子和而不同，小人同而不和。"所谓和即是多样性的统一。西周末年史伯论"和"说："以他平他之谓和。"不同的事物相互为"他"，以"他"平"他"即会聚不同的事物而达到一定的平衡，这叫作和。史伯说："和实生物，同则不继。"聚集不同的事物才可能产生新事物。如果重复原来的相同事物，那是不可能产生新事物的。肯定和，就要容许不同的观点，听取不同的意见，这样才能促进思想文化的发展。孟子赞扬"人和"的价值说："天时不如地利，地利不如人和。"他认为人和是战争胜利的决定条件。人和即人民的团结一致。在历史上，和的原则往往受到破坏，秦始皇焚书坑儒，汉武帝罢黜百家，都违反了和的原则。但是人和是战争胜利的决定性条件，却多次得到事实的验证。中国古代虽然不能贯彻和的理想原则，但是隋唐以来，佛教、道教及其他宗教能够和平共处，从来没有发生西方那样的宗教战争，这也可以说是和的原则的相对的表现。20世纪初以来，汉族与五十几个少数民族共同组成多元一体的中华民族，也是和的原则的体现。

儒学之中包含很多封建性的糟粕，我不同意当代新儒家的儒学复兴论。但是，也应承认，儒家学说也确实含有一些维系人心、巩固民族团结的思想观念，这类观念在历史上曾经起了增强民族凝聚力的作用。我们现在的历史任务是：在马克思主义的普遍真理的指导之下，对于中国传统思想进行分析剖辨，弘扬其中的起进步作用的精湛思想，批判其中的陈腐观念。

认识、理解民族文化中的优秀传统，这是爱国主义的一个重要条件。必须正确理解民族文化中的优秀传统，才能具有民族自尊心、民族自信心。有了民族自尊心、自信心，才能增强民族的凝聚力。因此，弘扬中国文化的优秀传统，乃是增强民族凝聚力的思想基础。

# 民族寻根与文化传统

每一个民族都有其民族之根,认识民族之根是民族团结进步、兴旺发达的基础。每一个民族之根都有其复杂的内容,而其中最重要的是民族的文化传统。中国文化是世界上四大文化传统之一(另三个是印度、阿拉伯与西方)。在历史上对于世界文化的发展曾做出了重要的贡献,中国文化有其显著的特点。这是每一个中国人所必须了解的。

中国文化有三大特点:第一是具有悠久性,第二是具有独立性,第三是具有坚韧性。

中国文化自炎黄、夏商周以来已有五千年的历史。在几千年的演变过程中虽然历经曲折,而始终未尝断裂,国内边区民族几次入侵中原,但不久即接受了中原文化,为中原文化所同化。中国文化在不断地延续发展中,这是悠久性。

在汉代以前,中国文化是完全独立发展的。后汉初年,印度的佛教传入中国，其后逐渐发展，但是始终是作为中国文化的附加成分而存在。在魏晋时代，佛学曾经与老庄玄学相结合；到隋唐时代，更产生了中国化的佛学。佛教虽然兴盛，但始终未成为占统治地位的主导思想。宋明理学虽然吸取了佛学的一些思想资料，但在本质上是儒学的进一步的发展。所以，在近代以前，中国文化的独立性是明显的。

中国文化还具有坚韧性，所谓坚韧性即是能屈能伸，虽衰而能复盛。中国文化，到了近代，与西方相比，确实落后了。中国受到资本主义列强的侵略凌辱。中国人民经过百年的艰苦斗争，终于站起来了。中国人民努力吸取了西方文化的先进成就，而仍保留中国文化的特色，努力建设具有中国特色的社会主义新文化。这在人类文化史上是一个伟大的创举，对于人类的进步将有重要的影响。

中国文化的优秀传统对于中华民族的发展具有非常重要的积极作用。正确认识民族文化的优秀传统是提高民族自信心的主要依据，是增强民族凝聚力的思想基础，是培育民族创造力的智慧源泉。如果一个民族不具备文化优秀传统，或者虽有文化优秀传统而本民族的人民对之无所认识，那么这个民族的人民是不可能具备民族自信心的，而如果一个民族的人民缺乏民族自信心，也就不可能有民族的自尊心、自豪感，那么这个民族的前途是没有希望的。近代以来，有一些"全盘西化"论者，宣扬中国"百事不如人"，或认为中国人只有一些劣根性，对于中华民族的前途丧失了信心，这是必须加以严肃批判的。

中华民族几千年来表现了高度的凝聚力。春秋战国时期，华夏民族逐渐吸收了四境的戎狄蛮夷诸族，经过汉魏晋唐的民族融合，而形成汉族。到了近代，汉族与满蒙回藏等五十多个少数民族团结而成为中华民族。中国古代哲学宣扬"厚德载物""以和为贵"，这是中华民族凝聚力的思想基础。我们今天仍须发扬这个"厚德载物""以和为贵"的优秀传统。

一个兴旺发达的民族，必具有充沛的创造力。中国古代人民是富于创造力的。《礼记·乐记》说："作者之谓圣，述者之谓明。"高度赞扬了创造的价值。春秋战国时代，诸子并起，儒、墨、道、法诸子各自立说，显示了深湛的智慧，至今仍能给人们以启迪。正如西方古希腊哲学是西方近代思想发展的源泉一样，中国晚周时期，孔、老、孟、庄等诸子学说至今仍能启发人们的创造思维。创造是提出新观念，是观察新事物而产生的，但仍离不开古代深湛思想的启发。中国古代的深湛智慧是历久常新的。

寻根是为了达到更深的自我认识。培护深根，是为开出更美的花，结出更丰硕的果。

## 易学与中华文明

中华民族屹立于世界东方,创造了光辉灿烂的中华文化。中国周秦汉魏与欧洲的希腊罗马,东西相对,各自发放出独特的光彩。到了中古时代,中国在技术方面有四大发明,后来这四大发明传到西方,对于西方的近代资本主义文明有促进作用,而在中国本土却未能除旧布新,以致中国逐渐落后了。经过100多年的艰苦斗争,中国人民终于驱逐了外来的侵略势力,重新走入世界先进民族之林。在中国传统文化中,既有落后的部分,也有与西方文化不同的独特贡献。在今天,创建社会主义的新中国文化,必须弘扬中国文化的优秀传统。

中国上古时代,年代较早而影响深远的典籍是《周易》。经史学家考证,《周易》古经确系西周初期的作品。《周易》古经本系卜筮之书,但是其中含有一定的深湛智慧。传说孔子著《十翼》,称为《易大传》,亦简称《易传》,汉唐学者都承认为孔子所著，到宋代有人提出疑问。但是依据《论语》《史记》，孔子晚年曾研究《周易》，确系不可否认的事实。《易传》中保存了孔子关于《周易》的言论，这是不可能一概否定的。《易传》是孔门撰述的典籍，至晚当成书于战国前期。

《周易》经传中含有深湛的智慧。《论语》《孟子》中很少论及天道。儒家论述天道的著作当推《易传》。从《易传》的内容看，似乎受过《老子》的影响，但对老子学说有所修正。老子贵柔，《易传》则重刚，提出"刚健""自强"的观念。《易·系辞》所讲"一阴一阳之谓道""刚柔相推而生变化""生生之谓易""日新之谓盛德"等等。时至今日仍然绽放着灿烂的光辉。

汉代经学称盛，魏晋玄学流行，佛教传入之后到隋唐而盛极一时。宋代理学家高扬本土传统，对于佛学、道家的观念有所吸取，而归本于孔、孟。在理论思维上确实达到了更高的水平，而其所依据的经典在本体论方面主要是《周易大传》。周敦颐所著《太极图说》云："故曰：'立天之道，曰阴与阳；立地之道，曰柔与刚；立人之道，曰仁与义。'又曰：'原始反终，故知死生之说。'大哉《易》也，斯其至矣！"张载《正蒙·太和》云："太和所谓道，中涵浮沉、升降、动静相感之性，是生絪缊、相荡、胜负、屈申之始。……语道者知此，谓之知道；学《易》者见此，谓之见《易》。"这都表明，周、张之学都以《易传》为渊源。直至明清之际，王夫之精研义理之学，苦心孤诣，达到中国古典哲学的最高峰。其所依据的经典仍然主要是《周易》。应该承认，两千多年来，《周易》经传乃是中华智慧的主要源泉。

我们今天研究《周易》，要发扬实事求是的精神，注意《易》学的时代性。要以西周归西周，以孔门归孔门，以汉归汉，以宋归宋，重视先后的演变，同时阐扬易学中至今仍具有生命力的光辉思想。

## 学派的消长

在中国思想史上,有两次学派消长的情况值得注意:一次是儒、墨的斗争,结果儒盛墨衰;又一次是儒家内部孟、荀两派的斗争,后儒多尊孟抑荀。

墨家是儒家的反对派,在战国时期,儒、墨并称"显学"。韩非子说:"世之显学,儒墨也。"《吕氏春秋》中多次以孔、墨并举。这都表明,墨家在战国时期是声势显赫的。但是到了汉代,儒学定于一尊,墨家销声匿迹了,受墨家攻击的儒学取得了确定性的胜利。

在儒家的内部,荀子是孟子的反对派,汉唐时代,孟、荀常常并称。《史记·孟荀列传》以孟子与荀卿并列;到唐代,韩愈以孟子为孔子之道的传人,而批评荀子与扬雄说:"荀与扬也,择焉而不精,语焉而不详。"所谓"择焉而不精"指荀子而言。但唐代仍有人以孟、荀并举。北宋时代,李觏、司马光曾訾议孟子,但影响较大的思想家王安石、张载、程颢、程颐都是推崇孟子的。南宋时期，朱、陆相争，却都推崇孟子。清代戴震反对朱、陆两家，却以孟子的继承者自居。孟子受到程朱学派、陆王学派和王夫之、颜元、戴震等的推崇。

汉代以后，儒盛墨衰；宋明时代，儒者尊孟抑荀，这都不是偶然的。

墨反儒而终于歇绝，荀反孟而受冷落，其原因何在？这是值得思考的。

墨学中绝的原因是很复杂的，但墨家受到儒家的反击是其衰歇的原因之一。荀子为宋明儒者所排弃，其对于孟子的攻击确实引起了许多儒者的反感。儒兴墨衰，孟受尊崇而荀被冷落，其原因之一是墨家反儒、荀子非孟，所表现的态度未免失之偏激。

后起的思想对于先行的思想应该是批判继承的关系，既有所批判、有所排弃，也有所继承，有所发扬。如果只有继承而无批判，也就没有思想的进步；如果只有批判而无继承，则将引起有力的回击。墨对于儒，荀对于孟，都是采取了势不两立的态度，结果反而被所反对的学派所压制。这也反映了思想发展的规律。

后起的学派对于先行的学派，既应克服其所具有的缺陷，也应承认其所具有的贡献。这样，理论思维才能够平稳地发展。然而，事实上发展过程中的曲折是难免的。

清初以来，诸子之学又重新受到重视，对于《墨子》之书和《荀子》之书的研究逐渐开展起来。在过去，儒兴墨衰，孟受尊崇而荀受冷落，还是历史的事实。

## 论诸子的相反相成

春秋战国时代是中国历史上思想活跃、学术繁荣的光辉时代。当时出现了诸子并起、百家争鸣的盛况。"百家"一词首见于《庄子·天下》。《天下》说:"古之人其备乎!配神明,醇天地,育万物,和天下,泽及百姓……其数散于天下,而设于中国者,百家之学时或称而道之。……百家往而不返,必不合矣!后世之学者,不幸不见天地之纯,古人之大体,道术将为天下裂。"《汉书·艺文志》的《诸子略·小说家》著录"《百家》百三十九卷"。所谓"百家",意在表示其多,其实当时最重要的是儒、墨、道、名、法、阴阳六家。汉初司马谈著《论六家要旨》,确实是得其要领。百家之学的特点是,各自发挥创造性的思维,各自独立阐扬其所见,共同构成群星灿烂、文化高度发展的局面。

如何看待百家争鸣,确是一个重要的问题。《汉书·艺文志》说:"战国从衡,真伪分争,诸子之言,纷然殽乱,至秦患之,乃燔灭文章,以愚黔首。"这即表示:秦始皇是否定百家争鸣的,焚书坑儒正是为了消灭百家争鸣,其目的在于愚民。秦的统治为时不久,汉初崇尚黄老之学,到汉武帝之时,董仲舒建议独尊儒术。他说:"《春秋》大一统者,天地之常经,古今之通谊也。今师异道,人异论,百家殊方,指意不同,是以上亡以持一统;法制数变,下不知所守。臣愚以为诸不在六艺之科孔子之术者,皆绝其道,勿使并进。邪辟之说灭息,然后统纪可一而法度可明,民知所从矣。"(《汉书·董仲舒传》)于是开始了经学时代,百家争鸣的盛况不复存在了。

为了维护政治上的"一统",确定一个主导思想是必要的。但是,对于百家之学"皆绝其道",将导致创造性思维的枯萎。这里似乎出现了"两难"的情况。如果将一种学说"定于一尊",势必妨碍思想的活跃;如果容许百家,势必损害政治上的一统。政治上大一统与学术上百家争鸣是否势不两立呢?

我认为,政治上的大一统与学术上的百家争鸣,并非不相容的。如果处理得当,两者可以相得益彰。百家之学,指意不同,固然相互矛盾,同时亦各有所见,正可以相互补充。《汉书·艺文志》论诸子云:"其言虽殊,辟犹水火,相灭亦相生也。仁之与义,敬之与和,相反而皆相成也。《易》曰:'天下同归而殊途,一致而百虑。'今异家者各推所长,穷知究虑,以明其指,虽有蔽短,合其要归,亦《六经》之支与流裔。……若能修六艺之术,而观此九家之言,舍短取长,则可以通万方之略矣。"这肯定的是诸子之学"相反而皆相成也",这一观点是深刻的、正确的。

战国时代,许多思想家已意识到诸子各有所长。《庄子·天下》说:"天下大乱,贤圣不明,道德不一,天下多得一察焉以自好。譬如耳目鼻口,皆有所明,不能相通。犹百家众技也,皆有所长,时有所用。"百家虽然不能相通,却亦各有所明。荀子著《非十二子》篇,对于十二子批评很严厉,但在所著《天论》中也承认诸家有其所见:"慎子有见于后,无见于先;老子有见于诎,无见于信;墨子有见于齐,无见于畸;宋子有见于少,无见于多。"在《解蔽》篇中又说:"墨子蔽于用而不知文,宋子蔽于欲而不知得,慎子蔽于法而不知贤,申子蔽于执而不知知,惠子蔽于辞而不知实,庄子蔽于天而不知人。"诸家之蔽正是蔽于其所长,有所见故有所蔽。

《吕氏春秋》强调政治思想的统一,其《不二》篇说:"听群众人议以治国,国危无日矣。……同法令,所以一心也;智者不得巧,愚者不得拙,所以一众也。"但在《用众》篇中又主张兼取众长:"物固莫不有长,莫不有短。人亦然。故善学者,假人之长以补其短。……天下无粹白之狐,而有粹白之裘,取之众白也。"必须兼取众家之长,然后才能达到思想的统一。

汉代初年,曾经有一段儒家与道家相互竞胜的过程。淮南王刘安召集门客编撰《淮南子》,比较推崇道家,对于"百家之言"持肯定的态度。《淮南子》说:"百家之言,指奏相反,其合道一体也。譬若丝竹金石之会乐同也,其曲家异而不失于体。"(《齐俗训》)又说:"天不一时,地不一利,人不一事,是以绪业不得不多端,趋行不得不殊方。五行异气,而皆适调;六艺异科,而皆同道。"(《泰族训》)这强调了"多端""殊方"的必要。《淮南子》的这些观点应该说是高明的、切当的。《淮南子》成书于汉武帝即位之前,先于董仲舒对策。在董仲舒建议罢黜百家之后,《淮南子》赞扬"百家之言"的声音被压下去了。

晚周诸子距离现在已经两千多年了。经过两千多年的历史考验,诸子之学的长短利弊,更比较彰明显著了。试就儒、墨、道、名、法、阴阳六家的历史作用略加评议。

自汉代至明清,儒学的得失与中国传统文化的盛衰有密切的关系。司马谈《论六家要旨》评论儒家的长短云:"儒者博而寡要,劳而少功,是以其事难尽从。然其序君臣父子之礼,列夫妇长幼之别,不可易也。"从现在的观点来看,司马谈所赞许的儒学的长处,正包含着儒学的短处。儒学是维护等级制度的,强调"君臣父子之礼""夫妇长幼之别",因而为历代专制帝王所利用。而专制制度的加强正是明清时代中国文化徘徊不进的主要原因。虽然儒家不赞同君主个人独裁,我们不应将儒学与专制主义画等号,但是儒家等级思想的消极影响是非常严重的。至于所谓"博而寡要",应加以分析。"六艺经传以千万数,累世不能通其学,当年不能究其礼。"儒家所宣扬的繁文缛礼是应该摒弃的,但儒家保存了古代文献,强调历史意识,还是起了积极作用。

在今天看来，儒家的真正优长在于宣扬人的道德自觉性，肯定人的主体精神。孟子以为人具有"恻隐之心"的道德本性，荀子认为道德起于社会生活长治久安的需要，都肯定道德实践是"人之所以异于禽兽者"。迄于宋明理学，都强调人的道德自觉。这是儒学的主要贡献。

司马谈评论墨家云："墨者俭而难遵，是以其事不可遍循，然其强本节用，不可废也。"墨家"以自苦为极"，确实难以遵行。所谓"强本"之"本"，主要指生产。墨家重视物质生产，因而重视生产技术的研究，于是对于自然科学做出了精湛的贡献。墨子比较重视"谈辩"，于是后期墨家对于名辩之学也做出了卓越的贡献。《墨经》上下篇，至今仍发放着灿烂的光辉。汉代墨学中绝，这是令人惋惜的。如果墨学能像道家那样流传不绝，中国文化必然呈现另一面貌。

司马谈是崇尚道家的，他所宣扬的道家学说主要是汉初的黄老之学，与老、庄之说有所不同。但魏晋以后流传不绝的道家之学，主要是老、庄之说。在今天看来，老、庄道家的主要贡献是具有批判意识与超脱精神。道家指出了儒家所谓"仁义"与墨家所谓"兼爱"的相对性，要求回复远古时代的淳朴道德。事实上，远古时代的淳朴道德一去不复返了。道家希图摆脱对于穷达、毁誉的关注，而对于祸福、荣辱持超然的态度，使人在复杂多变的社会生活中保持一种恬静的心境，这样为不得志的人们提供了一副自我安慰之术,因而影响深远。道家的主要缺欠是忽视社会责任心和历史使命感,但是道家的批判意识却是对治等级观念的清醒剂。

司马谈评论名家说:"名家使人俭而善失真,然其正名实,不可不察也。"名家对于名辩之学有一定贡献。惠施"遍于万物说"提出了若干关于自然界的若干深湛观点;公孙龙"离坚白",重视对于概念的分析,但是他们往往陷于诡辩,是其所短。

司马谈评论法家说:"法家不别亲疏,不殊贵贱,一断于法,则亲亲尊尊之恩绝矣。可以行一时之计,而不可长用也。故曰'严而少恩'。若尊主卑臣,明分职不得相逾越,虽百家弗能改也。"在今天看来,司马谈认为法家之短的正是法家之长;他认为法家之长者正是法家之短。法家鼓吹君主专制,"尊主卑臣",轻视人民,这是法家的严重罪过,但法家主张"不别亲疏,不殊贵贱,一断于法",却是光辉的法制思想,远远胜过"亲亲尊尊"的传统作风。法家的"不别亲疏,不殊贵贱,一断于法"在实际政治中难以贯彻推行,至今仍是一个困扰中国人民的重大问题。

战国时期阴阳家的著作今无一存,司马谈对于阴阳家的论述亦简而未明,今日难以评骘其得失了。

如上所述,儒、墨、道、名、法诸家各有所长。儒家的贡献是提倡道德的自觉性,启发人们的道德觉悟;道家的贡献是高扬批判意识；墨家的优点是重视生产与自然科学的研究；名家对于名辩之学（逻辑学）有一定成就；法家所宣扬的"不别亲疏，不殊贵贱，一断于法"的法制精神适合社会发展的需要。这些不同的思想观点，在理论上是不相矛盾的。但是，不同的思想家，各有其不同的生活经历，各有其不同的阶级立场，不同的兴趣偏好，正如《庄子·天下》所说，"譬如耳目鼻口，皆有所明，不能相通"，就不可能兼综不同方面的真理了。

汉代独尊儒术，而道学之学仍在流传；佛教输入之后，到隋唐时代，形成三教并尊的局面。我常常设想，如果不是三教并尊，而是儒、道、墨三学并存，那中国文化的面貌就会完全改观了。如果墨学并未完全中绝，墨家重视生产与自然科学的学风并未衰绝，那么中国的自然科学会有更大的发展。

历史上不同学派经常相互攻击、相互排斥。事实上，不同学派各有所见，各有所蔽，综合不同学派之所见，才能接近较全面的真理。

两千年来的中国学术史给我们一个重要的启示：每一时代应确定一个主导思想，而同时应容许不同学派的存在。必须确定一个主导思想，藉以保证政治上的统一、社会的安定；同时允许不同学派的存在，藉得保持思想的活跃、学术的繁荣。百家争鸣，并不反对有一家作为主导；有一家主导思想，亦不妨碍百家的争鸣。一而且多，多而有一，一多相容，这是学术思想正常发展的客观规律。

## 孔子思想之精髓

孔子是春秋时代伟大的思想家、哲学家、教育家。他"好古敏求""多学而识",总结了夏、商、周三代的文化成就,阐发了人伦道德的基本准则,将贵族所专有的文化知识传授给一般平民,开辟了中国教育史的新纪元。孔子在博学的基础上提出了自己的一贯之道。他的一贯之道即是"仁",亦即忠恕之道。《吕氏春秋》说:"孔子贵仁。"(《吕氏春秋·不二》)仁是孔子思想的核心,亦即孔子思想的精髓。

何谓仁?仁的基本含义是"爱人"(《论语·颜渊》)、"泛爱众"(《论语·学而》)。更详细地说,即是"己欲立而立人,己欲达而达人"(《论语·雍也》)。何谓立?立即在社会中有一定地位,具有独立的人格。何谓达?达即具有较高的品德而善于调协人与人的关系,即所谓"质直而好义,察言而观色,虑以下人"(《论语·颜渊》)。孔子所谓"己欲立而立人，己欲达而达人"，具有深刻而丰富的含义，这一方面肯定自己作为一个人有立达的要求，另一方面又肯定别人也有立达的要求。既要努力上进，实现自己的立达，也要协助别人实现立达。这是一个人我并重、群己并顾的道德原则。

如何实行仁德呢？孔子认为，对于别人以礼相待，就是实行仁德了，于是有"克己复礼为仁"之训，让自己视听言动都合乎礼，就达到仁的境界了。礼表示对于别人的尊敬，以礼相待，即是爱人的表现。爱与敬是统一的。

仁的观念含有对于独立人格的肯定。孔子说过："三军可夺帅也，匹夫不可夺志也。"匹夫即是一般的平民。这就是肯定平民具有独立的意志，亦即具有独立的人格。孔子将人与鸟兽区别开来，他说："鸟兽不可与同群，吾非斯人之徒与而谁与？"（《论语·微子》）这肯定了人与人的同类关系，也肯定了社会生活的必要性。孔子看到一个人不是孤立的个体，而必然是生存于社会之中的。这是一个深刻的观点。

孔子的仁的学说可称为古代的人道主义，其中心含义是肯定人与鸟兽的不同，人与人是同类，应承认别人也是人，人与人之间应相爱互助。

孔子所讲的"泛爱"是等级制度之下的泛爱，一方面要求"泛爱众"，一方面又承认社会中的贵贱上下等级区别是合理的。尤其是当时所谓礼主要指等级秩序，"克己复礼"更含有对于等级秩序的肯定。这表现孔子"仁"的观念的阶级性和时代局限性。

但是，孔子虽然承认贵贱等级的区分，但肯定人与鸟兽的不同，认为对于人与鸟兽应区别对待，即认为不应该把人当牛马看待，而应尊重别人作为人的独立意志。这一点还是具有深刻意义的。

孔子一生，栖栖惶惶，企图拨乱世而返诸正，表现了积极救世的精神。他自述生活态度说："其为人也，发愤忘食，乐以忘忧，不知老之将至云尔！"（《论语·述而》）在道德修养上达到崇高的精神境界。

孔子在当时已被称为"圣者"，"太宰问于子贡曰：夫子圣者与？何其多能也？子贡曰：固天纵之将圣，又多能也"（《论语·子罕》）。但他又非常谦虚。他好学不厌，诲人不倦。他系统地整理了上古时代的典籍，开创了知识分子讲学之议政的新风，为中国文化的发展做出了巨大的贡献。孔子是中国历史上卓越的文化巨人。

## 汉代独尊儒术的得失

我们现在的历史任务是建设具有中国特色的社会主义物质文明和精神文明。为了完成这项伟大的任务，就要对中国传统文化进行反思。在过去两千多年的漫长岁月里，儒学在传统文化中居于主导地位。我们对传统文化进行反思，首先要对于儒学进行反思。从周秦以至宋明，中国文化在世界上长期居于领先地位，对世界文化做出了卓越的贡献。但是，从15世纪以后，西方文化突飞猛进，中国逐渐落后了。中国没有创造出自己的近代实验科学，其原因何在呢？对于这类问题应进行深入的探索。

在西汉中期，汉武帝采纳了董仲舒的建议，罢黜百家，独尊儒术，这对于中国文化的发展方向确实起了关键性的决定作用。中国文化在两千多年的历史过程中绵延不绝，这与儒学独尊有一定关系。中国文化在近代时期没有能够自我更新，自动实现近代化，这也与儒学独尊有一定关系。我认为，汉代独尊儒术的得失,是一个必须深入思考的问题。

## 从百家争鸣到独尊儒术

春秋战国时期,出现了百家争鸣的盛况,当时思想空前活跃,学术高度繁荣。从春秋后期到秦始皇统一六国,学术思想有一个持续发展的过程。春秋以前,学在官府,只有贵族才具备论学的资格。孔子好古敏求,学无常师,综贯了当时贵族所掌握的学术,于是设教授徒,开创了个人讲学之风。老子身为周史,学识渊博,开始提出了天地起源的问题。孔子死后,弟子在各国讲学。《史记·儒林列传》说:"自孔子卒后,七十子之徒散游诸侯,大者为师傅卿相,小者友教士大夫,或隐而不见。"据《孟子·离娄下》的记载,孔子弟子曾子的门人弟子也有七十人之多,可见当时儒家讲学授徒的情况。墨子继起,《淮南子·要略》云:"墨子学儒者之业,受孔子之术,以为其礼烦扰而不说,厚葬靡财而贫民,久服伤生而害事。"于是从儒家分化出来,创立墨家学派。在战国时期,儒、墨并称"显学"。《韩非子·显学》篇云:"世之显学,儒墨也。"但是以老子为代表的隐者之学,也有广泛的影响。《庄子·天下》篇评述百家之学,列举了墨翟、禽滑釐、宋钘、尹文、彭蒙、田骈、慎到、关尹、老聃、庄周,以及惠施、公孙龙。《荀子·非十二子》批评了它嚻、魏牟、陈仲、史鰌、墨翟、宋钘、慎到、田骈、惠施、邓析、子思、孟轲。《吕氏春秋·不二》篇举出老聃、孔子、墨翟、关尹、列子、陈骈、阳生、孙膑、王廖、兒良。司马谈著《论六家要旨》将诸子之学区别汇归为阴阳、儒、墨、名、法、道德六家。班固依据刘歆《七略》撰《艺文志》列为儒、道、阴阳、法、名、墨、纵横、杂、农、小说共九流十家。从这些评述中，也可窥见战国时期学术思想兴旺发达的情况。

战国时期，还有一个学术中心，这就是齐国的稷下学宫，宋钘、尹文以至邹衍、荀卿都在稷下讲学。稷下学宫之中，思想比较自由，不同学派可以相互辩论。随着齐国的灭亡，稷下也就消歇了。

秦国任用商鞅，实行变法，国富兵强，卒并六国。秦始皇统一宇内之后，采纳李斯的建议，焚书坑儒，藉以统一思想。《汉书·艺文志序》说："战国从衡，真伪分争，诸子之言，纷然殽乱。至秦患之，乃燔灭文章，以愚黔首。"实际上这是对百家争鸣的学术自由的沉重打击。秦始皇死后不久，陈胜、吴广领导的农民大起义爆发了。秦国的政权迅速灭亡。

汉代初年，吸取秦亡的教训，实行"与民休息"的政策，汉文帝、景帝都推崇黄老之学。黄老学派是道家的一派，"其为术也，因阴阳之大顺，采儒墨之善，撮名法之要""以虚无为本，以因循为用"（司马谈《论六家要旨》），在当时确实适合时代的需要。但是，黄老之学不能促进文化的进一步发展，汉武帝于是转向儒学。

《汉书·武帝纪》记载:"建元元年冬十月,诏丞相、御史、列侯、中两千石、两千石、诸侯相举贤良方正直言极谏之士。丞相绾(卫绾)奏:'所举贤良,或治申、商、韩非、苏秦、张仪之言,乱国政,请皆罢。'"又:"五年……置五经博士。"又:"元光元年……五月,诏贤良……于是董仲舒、公孙弘等出焉。"以上是汉武帝崇儒的主要事迹。(《资治通鉴》将董仲舒对策列于建元元年,是错误的。)

董仲舒《举贤良对策三》:"《春秋》大一统者,天地之常经,古今之通谊也。今师异道,人异论,百家殊方,指意不同,是以上亡以持一统;法制数变,下不知所守,臣愚以为诸不在六艺之科、孔子之术者,皆绝其道,勿使并进。邪辟之说灭息,然后统纪可一,而法度可明,民知所从矣。"这是董仲舒关于独尊儒术的建议。

《汉书·儒林传》记载:"武安君田蚡为丞相,黜黄老、刑名百家之言,延文学儒者以百数,而公孙弘以治《春秋》为丞相封侯,天下学士靡然乡风矣。弘为学官,悼道之郁滞,乃请曰:'丞相、御史言:……为博士官置弟子五十人,复其身。太常择民年十八以上仪状端正者,补博士弟子。'"这是公孙弘有关博士弟子的建议。

汉武帝独尊儒术,设置五经博士,为博士置弟子员。这在中国历史上产生了深远的影响。

如上所述，从战国时代的百家争鸣到汉代独尊儒术，经过了一个曲折的道路。战国是思想自由的时代，秦汉的统治者都要求统一思想，限制学术自由。秦始皇焚书坑儒，采取了"以法为教，以吏为师"的方针。结果秦迅速为农民起义所推翻，证明以法家思想来控制人民的方针是错误的。道家黄老之学具有安定民生的成效，但不足以促进文化的发展，汉武帝独尊儒家思想，确实经过了慎重的选择，这不仅是听从董仲舒的建议，事实上卫绾、田蚡早已提出了。在汉代以后，魏晋玄学的清谈成风，南北朝时佛教渐盛，到隋唐时代，形成三教鼎立的局面。学术风气虽不同于两汉，但国家的政制仍以儒家的经典为依据。到宋代，儒学又恢复了固有的权威。应该承认，从两汉到明清，在政治思想上，儒学一直居于主导的地位。明代李贽提出对"以孔子之是非为是非"的批判，但明清之际的卓越思想家黄宗羲、顾炎武、王夫之、颜元都仍然肯定孔孟学说的理论价值。直至五四运动，儒学居于正统地位的局面才宣告结束。

时至今日，儒学占统治地位的时代已经一去不复返了，尊孔读经的时代已经过去了，所谓"文化大革命"时期的盲目反孔的时代也已成为历史的陈迹了。我们应该对儒学在历史上的积极作用与消极作用进行批判性的反思。

## 独尊儒术的历史分析

汉代独尊儒术的用意是明显的,就是要贯彻"《春秋》大一统"的原则,消除"百家殊方"的情况,使"民知所从"。用现在的话来说,就是统一人民的思想。

从汉武帝建元年间开始,到辛亥革命推翻帝制,前后两千多年间,在中国的社会意识形态中,儒学一直居于主导地位。这就证明,儒学成为中国封建社会的统治思想不是偶然的。何以如此呢?一个显著的原因是,儒学宣扬"尊君",合乎封建统治者的需要。但是法家管、商、申、韩的学说,宣扬尊君更甚于儒家,何以汉代统治者不取法家而取儒家,虽然是"霸王道杂之",而仍以儒学为主呢?我认为,这主要因为,儒家除了尊君之外,还强调"重民",有利于缓和统治阶级与劳动人民的矛盾。

孔子提倡"泛爱众",宣称"三军可夺帅也,匹夫不可夺志也",要求尊重人民的独立意志。孟子主张"仁民、爱物",更提出"民为贵,社稷次之,君为轻"的民本观点。荀子强调"君者舟也,庶人者水也,水则载舟,水则覆舟"。贾谊总结秦亡的教训,更做出"与民为敌者,民必胜之"的结论。直至宋明理学,仍然继承了孟子的民贵观点。朱熹说:"盖国以民为本,社稷亦为民而立,而君之尊又系于二者之存亡,故其轻重如此。"(《孟子集注》)陆九渊说:"自周衰以来,人主之职分不明。……孟子曰:'民为贵,社稷次之,君为轻。'此却知人主

职分。"(《语录》上)

儒家肯定"国以民为本",但又坚持上下贵贱的等级区分,这是儒家政治思想的两个方面。儒家固然维护等级制度,但主张"轻刑罚、薄税敛",要求适当减轻对人民的压迫与剥削。儒家的这类思想实际上确实起了保证人民安居乐业、保持社会安定的积极作用。儒家学说在历史上的巨大作用是加强了民族的内聚力。

但是,自从汉代实行了独尊儒术的方针,百家争鸣的盛况消失了,先秦时代思想活跃、学术高度繁荣的局面消失了。

汉代以后,老庄的道家学说作为一个潜流仍然传授不绝,而与儒家并称显学的墨家以及以名辩著称的名家都销声匿迹了。随着名、墨两家的中绝,先秦时代的形式逻辑后来没有得到进一步的发展。汉代以后,虽然涌现了不少著名的自然科学家,但墨家的比较完整的科学理论没有得到进一步的发展。我认为,名、墨的消亡,给中国文化的发展带来了严重的损失。

佛教传入之后,逐渐得势。汉末以后,又出现了道教,道教宣传神仙之术,同时也推崇《老子》《庄子》等道家的典籍。唐代统治者采取了三教并尊的政策。事实上,儒学并非宗教,所谓"儒教"之教乃是教导之义。在三教中,佛、道二家都是消极思想,提倡积极有为的只有儒家。这种情况使尔后的中国文化的发展呈现了畸形。宋元明清时代,有许多科学家对于自然科学做出了一定的贡献。这些科学家大都诵读儒经,这表明儒学并不妨碍科学的进步。但是儒家学者始终没有为自然科学提供出理论基础以及方法论的引导。中国没有产生自己的近代实证科学，与此也有必然的联系。

"独尊儒术"的具体措施是学官制度。汉武帝设置五经博士。《汉书·儒林传》说"自武帝立五经博士，开弟子员，设科射策，劝以官禄，讫于元始，百有余年，传业者浸盛，支叶蕃滋，一经说至百余万言，大师众至千余人，盖禄利之路然也。初，《书》唯有欧阳，《礼》后，《易》杨，《春秋》公羊而已。至孝宣世，复立大小夏侯《尚书》，大小戴《礼》，施孟梁丘《易》，穀梁《春秋》，至元帝世，复立京氏《易》，平帝时又立《左氏春秋》《毛诗》《逸礼》《古文尚书》，所以罔罗遗失，兼而存之，是在其中矣。"学官越立越多，但都限于经学，以利禄诱人，使士子治学大都倾向于经学一途。封建统治者强调"敬授民时"，因而经学传授不绝，但是天文、算学、地理、水利、农学等等，都不能立于学官。

我认为，汉代学官制的狭隘，限制了学术发展的道路。唐宋实行科举制度，以辞赋或经义取士，明清更以八股取士，使广大的知识分子耗精疲神于无用的虚文，更是阻碍了文化进步的道路。总而言之，封建统治者的文化专制主义的政策，是中国近代文化落后的一个重要原因。

总而言之，汉代独尊儒术对于中国文化的发展确实有严重的影响，一方面，它加强了民族的内聚力，这是积极的作用；另一方面又限制了思想自由,妨碍了学术的高度繁荣,这是消极的作用。

儒学独尊的时代久已过去了。现在来讨论儒学独尊的得失,这是对历史的反思。只有经学才能立于学官的经学时代也久已过去了。从儒学独尊的得失来看,更足以证明,百家争鸣、百花齐放的方针是唯一正确的发展学术的方针。在党中央的四项基本原则的正确指导之下,让我们迎接社会主义时代的空前的学术繁荣。

# 正确对待祖国民族文化遗产

我们现在的历史任务是建设中国特色社会主义，而建设社会主义的中国新文化是其中的一个重要组成部分。关于建设社会主义文化，列宁曾提出非常明确的见解。他说："应当明确地认识到，只有确切地了解人类全部发展过程所创造的文化，只有对这种文化加以改造，才能建设无产阶级的文化……无产阶级文化应当是人类在资本主义社会、地主社会和官僚社会压迫下创造出来的全部知识合乎规律的发展。"（《列宁选集》第4卷）

列宁这段话非常明确地指明了社会主义文化建设的道路。近代西方文化主要是资本主义社会的文化，而中国传统文化则主要是封建主义社会的文化。对于这些文化都要加以改造，才能建设社会主义的文化。应该承认，资本主义文化比封建主义社会的文化高一级，而社会主义文化是比资本主义文化更高一级的文化。

只有确切地了解人类全部发展过程所创造的文化而加以改造，才能建设社会主义的新文化。

对西方近代文化与中国传统文化进行改造，就是要发展、提高其中的有价值的进步内容，克服、消除其中的不利于社会发展的落后内容。这里就存在着一个如何正确对待祖国民族文化遗产和西方近代文化的态度问题，而对待祖国民族文化遗产的态度又影响着对西方近代文化的态度。由于受资产阶级自由化的影响，这几年在这个问题上出现过偏颇与失误，带来不良后果。我们要坚持走建设中国特色社会主义道路，就必须正确对待祖国民族文化遗产。

有人认为，中国的民族文化遗产完全是文化垃圾，是前进的包袱，"早该后继无人"。这种极端错误的偏颇之论，每一个正直的中国人都是无法接受的。诚然，在中国传统文化中，毫无疑问含有一些明显落后可憎的东西，如宦官制度、八股文、女子缠足、男子纳妾等等。而其中居于关键地位的是君主专制制度和等级特权思想，这些都是应彻底消除的。同样毫无疑问，中国传统文化中也有一些精湛的光辉的内容，确实存在着值得弘扬的优秀成分。例如中国医学，其理论虽然深奥难懂，其疗效却非常显著。中国的绘画独具特色，为西方人所珍爱；中国的园林艺术亦受到西方人士的赞扬；中国的烹调更是为各国人民所欣赏。这些都是显而易见的。

在文化中居于主导地位的是哲学思想。中国古代哲学有一个基本特点，即重视现实生活，不讲彼岸世界，不谈来生来世，而要求在现实世界中实现崇高的道德理想。西方基督教信仰上帝，印度佛教宣扬三世轮回。而中国古代哲学中，自先秦的儒家、道家，以至宋明理学，既不从上帝的意旨引出道德（只有墨子讲天志，董仲舒讲天意），也不追求彼岸世界（墨子、董仲舒也无天堂地狱之说），而是从人与人之间的实际关系来肯定道德的价值。

孔子说："务民之义，敬鬼神而远之，可谓知矣。"（《论语·雍也》）这里将"民之义"与鬼神分开，也就是将道德与宗教信仰分开，是有深刻意义的。孟子以人的同情心作为道德的出发点（认为恻隐之心是道德的基础），荀子以人类社会的长治久安来说明道德的必要性（认为道德是为了止乱弭争而制定的），立论虽然不同，都是以人为本位而不以神为本位，显示了中国文化的一个根本特点。虽然一般民众仍然信仰多神教或信仰佛教，但多数学者、思想家则以"泛爱人类"为最高的理想原则，否定了对于神的信仰。这种宣扬"人类之爱"的道德论虽然是一种抽象的道德论，但是总比有神论的宗教道德更为高明。

再就儒、墨、道三家学说的长短得失略加评析。

儒家重视"君臣之义"、贵贱之分，认为等级制是合理的。儒学受到历代封建统治者的尊崇即由于此，其受到现代人的批判亦由于此。司马谈说："儒者博而寡要，劳而少功，是以其事难尽从。然其序君臣父子之礼，列夫妇长幼之别，不可易也。"

(《论六家要旨》)司马氏认为"不可易"的,正是儒学不能适应现代社会的根本缺点。但是儒学倡导积极有为、注重社会责任,在历史上则起了进步作用。孔子自述自己的生活态度是"发愤忘食,乐以忘忧,不知老之将至"。孔子的弟子曾子说:"可以托六尺之孤,可以寄百里之命,临大节而不可夺也。君子人与?君子人也。"(《论语·泰伯》)这里充分强调了对于事业的责任心。儒家又宣扬民族意识,主张保卫华夏文化。孔子赞扬管仲为仁者,即由于管仲保卫了华夏的文化。这种民族意识是历代志士仁人爱国思想的根源。儒家反对民族入侵,也反对侵略异族。近百年来,中国受到外国列强的疯狂侵略,中国人民奋起抗争,表现了百折不挠、坚定不屈的英勇气概。这种爱国主义精神不是从外国学来的,而有其历史的渊源,即是儒家民族意识的高扬。

墨家表现了公而忘私的自我牺牲精神。墨家强调"天下国家人民百姓之利","以绳墨自矫,而备世之急"(《庄子·天下》),"摩顶放踵利天下为之"(《孟子·尽心上》)。早期墨家宣扬"天志",保留着宗教信仰;后期墨家钻研科学技术,对自然科学和逻辑学做出了重要贡献。《墨子·小取》云:"摹略万物之然,论求群言之比。"这是墨家的学术宗旨。"摹略万物之然",即探索自然界的实际情况;"论求群言之比",即推究言论的真伪正误。既重视对于万物的研讨,又注意对于言论的辨析,这表现了墨学的科学精神。

道家不同意儒家所讲的"君臣之义",而宣扬个性自由。杨朱讲"为我"(《孟子·尽心上》),庄子讲"全生"(《庄子·养生主》),认为个人才是最重要的。道家表现了对于等级制度的批判意识,这是对于儒家的矫正。但是道家忽视社会责任心,庄子借寓言人物的谈话,表示"予无所用天下为""孰弊弊焉以天下为事?"(《庄子·齐物论》)这是道家的偏失。

在中国古代哲学中,最有价值的是唯物主义无神论与辩证法的传统。列宁在晚年著作《论战斗唯物主义的意义》中曾高度赞扬"18世纪末叶战斗的无神论文献"。我们当然应该学习西方18世纪的无神论的文献,而中国古代哲学中也有光辉的无神论文献,如王充的《论衡》、范缜的《神灭论》等等,它们对于批判宗教迷信都有其不可磨灭的历史功绩和极宝贵的价值。从先秦时代以来,中国古代哲学中就有一个唯物主义的传统,这是值得钻研和赞扬的。中国古代哲学家的辩证思维,今日已为世界学术界所承认。现代著名科学家玻尔高度赞扬"太极图"的阴阳互补观念,实乃对于中国古代辩证思维的肯定。《老子》《易传》以及张载、王夫之等卓越思想家的辩证学说在今天仍能启人神智,还能说中国传统哲学中没有值得发扬的优秀传统吗?

我国的民族文化遗产是一个巨大的宝库,以上所举只是其中的一小部分而已,这一小部分就足以证明那些民族虚无主义、历史虚无主义论调的荒谬。

五四运动以来,出现了"反传统"的思潮。反对民族传统,鼓吹全盘西化。反对腐朽传统确有必要。中国旧社会的一些陈腐观念、陈规陋习，如等级观念、特权思想、大家庭制度、重男轻女等等，确实应大力加以批判，努力肃清其有害影响。但是，不加分析地全面反传统，鼓吹全盘西化，就陷于严重的偏颇了。事实上，西方的发达国家都重视本国的优秀传统，如英、法、德、意、美各国，莫不重视弘扬其本国的民族传统与民族精神。全盘西化论者却无视这一点，全面鄙弃本民族的传统，这是民族自卑的奴性思想的表现。

近几十年来，与反传统思潮对峙的是国粹主义，很多港台学者提出所谓儒学复兴论，认为民族的复兴还要依靠儒学。事实上，儒学是适应过去时代的思想体系，时异势易，儒学不可能提供从根本上解决当代问题的方案。五四运动以后，儒学作为主导思想的时代已经一去不复返了，有个别学者尊崇儒学，宣传新儒学，应该承认他们有其思想自由，这正如佛教徒有崇信佛教的自由一样。但要想重建儒学的主导地位，则是一厢情愿，事实上办不到。

我们既反对全盘西化论，也反对儒学复兴论。我们建设社会主义新文化，就是要以马克思主义的普遍真理为指导，会通古今中外的人类文化的优秀成果，而发挥创造性的思维，建立新的中国文化。马克思主义之所以在中国发生了巨大的作用就在于它与中国实际相结合，其中包含与中国传统文化中的优秀成分相结合，从而深深扎根于中国的土壤中，成为中国共产党和广大人民群众手中的锐利武器。

如何正确对待祖国民族文化遗产？归根结底最重要的一点就是要运用唯物主义辩证法来考察、分析中国文化遗产。

一个民族谋求文化的发展，必须具有反省精神，深入解剖本民族文化的不足，不能故步自封，不能夜郎自大。自15、16世纪以来，西方文化突飞猛进，中国落后了！为什么会落后呢？这就要进行深刻的反省，从而找出差距，进行革新。

一个民族谋求文化的发展，更必须具有坚定的民族自信心。如果一个民族丧失了自信心，全盘否定自己的文化传统，只知匍匐于外国文化的影响下，甘心接受人家的"同化"，这势必丧失民族文化的独立性，而丧失了文化的独立性，也将丧失民族的独立性。

鸦片战争以后，中华民族受到资本主义列强的武力侵略，出现了严重的民族危机，中国人民奋起抗争，经过了一百多年的艰苦奋斗，到1949年中华人民共和国成立，"中国人民站起来了！"终于取得伟大的胜利。在这一百多年的救亡斗争中，中国人民表现了巨大的凝聚力和百折不挠的坚韧性。这巨大的凝聚力和百折不挠的坚韧性不是偶然产生的，而有其深刻的思想根源。应该承认，传统文化中的"刚健有为、自强不息"的精粹思想，确实起了鼓舞斗志、激励人心的伟大作用，因而具有强大的生命力，直至今日，仍能给我们以启迪。

当前，我们要突出批评阻碍我们前进的民族虚无主义、历史虚无主义思潮，消除其恶劣影响，树立起我们中华民族应有的自尊心和自信心，弘扬民族优秀文化，建设有中国特色的社会主义新文化。在中国共产党的领导下，在马列主义的指导下，我们十几亿中国人民有志气、有能力让中国新文化卓立于世界文化之林，贡献出自己的巨大价值和夺目光彩。

# 第二篇 哲学与精神

『封建时代的知识分子有三种态度：（1）士为知己者用。看重我、利用我，我就帮你的忙。这是多数知识分子的态度。（2）以天下为己任。把天下的事情作为自己的责任，移风易俗，改变社会，发挥自己的主体性、自觉性，根据自己的原则来发挥作用。这种态度可以说是独立人格的表现。（3）苟合取容，不顾廉耻。没有原则，没有独立人格，为一碗饭甘为奴婢。这是一种最下贱的态度。』

## 中国哲学关于人生价值的思想

中国古代哲学很重视人生价值的问题。价值这个名词是近代才开始流行的，在古代，与今日所谓价值意义相当的名词是"贵"。《论语》所谓"和为贵"，《老子》所谓"道之尊，德之贵"，这个"贵"即"有价值"之意。中国古代哲学以"人"为中心议题。人是否可贵？人如何生活才可贵？这是古代思想家经常注意的问题。

关于人生价值的讨论，可以区分为三个层次：第一是人类价值的问题，即人类在宇宙之中有无价值。第二是人格价值的问题，即每一个人，作为人类的一分子，是否具有价值。第三是如何衡量一个人的价值的问题，即一个人怎样生活才算是一个有价值的人。

人类价值的问题亦即人在天地间的位置的问题。天地之间，物类纷繁，古代人称之为万物。人在万物之中居于何种地位呢？古代儒家认为人是万物中最贵的。《孝经》引述孔子说："天地之性人为贵。"这不一定是孔子之言,但可以说是儒家的基本观点,认为在天地之间人是最有价值的。《易传》以天、地、人为"三才",人是三才之一。荀子论人之所以贵,最为明确。他说:"水火有气而无生,草木有生而无知,禽兽有知而无义。人有气、有生、有知亦且有义,故最为天下贵也。"(《荀子·王制》)人之所以最贵,在于有道德意识。汉宋诸儒亦都有类似的观点。宋儒周敦颐说:"二气交感,化生万物,万物生生而变化无穷焉,唯人也,得其秀而最灵。"(《太极图说》)邵雍说:"人也者,物之至者也。""唯人兼乎万物,而为万物之灵。如禽兽之声,以其类而各能其一,无所不能者人也。推之他事亦莫不然。……人之生,真可谓之贵矣。"(《皇极经世·观物外篇》)周敦颐、邵雍主要是从人的智能超过万物来肯定人的价值。

道家崇尚"自然",但也承认人在天地之间有重要地位。老子以人为四大之一,他说:"道大,天大,地大,人亦大。域中有四大,而人居其一焉。"庄子强调"齐物",表现了否认贵贱区别的倾向。《庄子·秋水》篇说:"以道观之,物无贵贱;以物观之,自贵而相贱。"这是认为,人类自以为贵,不过是主观的偏见而已。庄子学派的这种观点是对于儒家"天地之性人为贵"的否定。但是多数思想家没有接受庄子的这种观点,仍然肯定人在天地之间的优异地位。

其次,中国古代哲学中还有关于人格价值的思想。所谓人类价值，是讲人类作为一个总体具有高于其他物类的价值。所谓人格价值是从每一个人来讲是否具有一定的价值。"人格"这个名词也是近代才开始流行的，在古代则称为"人品"。人格或人品，可以说是指一个人作为一个整体与别人不同的特点的综合，亦即指一个人作为一个人的具体存在。

孔子肯定每一个人都有自己的独立意志，他说："三军可夺帅也，匹夫不可夺志也。"（《论语·子罕》）有独立的意志即是有独立的人格。孔子还认为，人人都有实行仁德的能力。他说："仁远乎哉？我欲仁，斯仁至矣。"（《论语·述而》）又说："有能一日用其力于仁矣乎？我未见力不足者。"（《论语·里仁》）人人都有实行仁德的能力，亦即人人都有提高道德的潜能，这就是每一个人的价值之所在。孔子还没有明确地做出这样的结论，孟子则非常明确地提出这样的观点。孟子提出"天爵""良贵"之说，肯定人人都有人格的价值。孟子说："有天爵者，有人爵者。仁义忠信，乐善不倦，此天爵也；公卿大夫，此人爵也。"（《孟子·告子上》）又说："欲贵者，人之同心也。人人有贵于己者，弗思耳矣。人之所贵者，非良贵也。赵孟之所贵，赵孟能贱之。《诗》云：'既醉以酒，既饱以德。'言饱乎仁义也，所以不愿人之膏粱之味也；令闻广誉施于身，所以不愿人之文绣也。"（同上）天爵对人爵而言，人爵即世间的爵位，天爵即道德高尚。"人人有贵于己者"，即人人都有自己的价值。"良贵"对"人之所贵"而言。人之所贵，权势者给予的爵位，是可以剥夺的。良贵是本身固有的，是不能剥夺的。孟子认为这"良贵"是人人固有的，是天赋的，但必须加以保养。如果忘记了自己固有的"良贵"，那就是"弃其天爵"，就没有价值了。荀子虽不赞同孟子的天赋道德观点，但也肯定"道义"有高于富贵的价值。他说："志意修则骄富贵，道义重则轻王公，内省而外物轻矣。"（《荀子·修身》）一个人，如果能坚持自己的道德意志，就有比王公贵人更高的价值了。儒家的基本观点是，一个人，如能实行道德，就有崇高的价值。宋儒周敦颐说："道义者，身有之，则贵且尊。"又说："君子以道充为贵，身安为富，故常泰无不足。而铢视轩冕，尘视金玉，其重无加焉尔。"（《通书》）这都是肯定人格的价值远远高于世间富贵的价值。

儒家的人格价值学说是和他们的道德学说密切结合的。儒家的道德学说具有一定的时代性和阶级性，他们所讲的高尚品德只能是封建时代知识分子的高尚品德，绝不是革命家的革命道德。虽然如此，儒家能摆脱封建时代追求富贵的世俗偏见，肯定人人都有可能提高自己的道德觉悟，肯定这种道德觉悟才是每个人的价值之所在，这一点对于民族的精神发展还是具有重要的积极意义的。

其次，一个人怎样做才能实现自己的价值呢？怎样生活才能达到人格价值的标准呢？每一个人都可以有人格价值，但这只是一种可能性，把可能性转化为现实性，还须具备一定的条件。要具备哪些条件呢?

春秋时代,鲁国的贵族叔孙豹提出"三不朽"说:"太上有立德,其次有立功,其次有立言,虽久不废,此之谓不朽。"(《左传》襄公二十四年)不朽即有长久的价值。"三不朽"说的主要意义是肯定人生价值在于有积极的贡献。"立"即有所创造,亦即有积极的贡献。

孔子对于伯夷、叔齐、管仲、齐景公等发了一些评论,从这些评论中,可以看出孔子对于人生价值的态度。孔子说:"管仲相桓公,霸诸侯,一匡天下,民到于今受其赐。微管仲,吾其被发左衽矣。"(《论语·宪问》)又说:"齐景公有马千驷,死之日,民无德而称焉。伯夷、叔齐饿于首阳之下,民到于今称之。其斯之谓与!"(《论语·季氏》)照孔子的评论,管仲建功立业,有功于民,可谓立功之人。伯夷、叔齐可谓立德之人。齐景公既无功又无德,就不足称了。在孔子的心目中,立德而又立功的最高典型是尧、舜,但又认为尧、舜也还没有达到最崇高的理想境界,所以说:"博施于民而能济众""尧舜其犹病诸"(《论语·雍也》)。虽然如此,在现实中,尧、舜已是立德而又立功的最高典型了。

孟子提出立德的四个类型,即伯夷的"清",伊尹的"任",柳下惠的"和",孔子的"时"。他说:"伯夷,目不视恶色,耳不听恶声。非其君,不事;非其民,不使。治则进,乱则退。……故闻伯夷之风者,顽夫廉,懦夫有立志。伊尹曰:

'何事非君？何使非民？'治亦进，乱亦进，曰：'天之生斯民也，使先知觉后知，使先觉觉后觉。予，天民之先觉者也。予将以此道觉此民也。'思天下之民匹夫匹妇有不与被尧舜之泽者，若己推而内之沟中，其自任以天下之重也。柳下惠不羞污君，不辞小官。进不隐贤，必以其道。遗佚而不怨，厄穷而不悯。……故闻柳下惠之风者，鄙夫宽，薄夫敦。孔子之去齐，接淅而行；去鲁，曰：'迟迟吾行也，去父母国之道也。'可以速而速，可以久而久，可以处而处，可以仕而仕，孔子也。"又说："伯夷，圣之清者也；伊尹，圣之任者也；柳下惠，圣之和者也；孔子，圣之时者也。"（《孟子·万章下》）清、任、和、时，都是立德的典型。伊尹辅佐成汤建功立业；伯夷、柳下惠虽无功业可言，但都发生了一定的影响——伯夷之风能使"顽夫廉，懦夫有立志"，柳下惠之风能使"鄙夫宽，薄夫敦"，对于社会风俗起了一定的作用。

儒家不甚重视立言，但也肯定立言有一定价值。孔子说："有德者必有言，有言者不必有德。"（《论语·宪问》）又说："君子不以言举人，不以人废言。"（《论语·卫灵公》）有德者之言是最值得重视的。非有德者之言也可能有一定价值。

道家的态度与儒家不同，对于春秋时代所谓立德、立功、立言，一概加以摒弃。庄子说："至人无己，神人无功，圣人无名。"（《庄子·逍遥游》）又说："夫大道不称，大辩不言，大仁不仁。"（《庄子·齐物论》）仁义之德，利民之功，名辩之言，在道家看来，都是不足称道的。

道家指出所谓立德、立功、立言的相对性，确有一定的理论意义，但道家最后陷于虚无主义，则不足为训。《庄子·秋水》篇河伯与北海若的寓言中，最后河伯问北海若说："然则我何为乎？何不为乎？吾辞受趣舍，吾终奈何？"北海若的答复是："夫固将自化。"这是不解决问题的。北海若最后还是讲"言察乎安危，宁于祸福，谨于去就，莫之能害也。"还是区分了安危、祸福、去就。这就足以证明，价值的判断在生活中是不可避免的。

"三不朽"说以有所"立"为不朽的标准。不论"立德""立功""立言"，都是对社会做出了积极的贡献。古代人所谓德、所谓功、所谓言，都有其一定的时代性和阶级性，但是也包含着一定的普遍意义。

现在，古今的距离已经越来越远了。我们今天应有对于人生价值的新认识，虽然如此，正确理解古代思想家关于人生价值的观点，仍然是必要的。

# 独立意志与独立人格

"人格"这个词是近代才有的，它是日本学者从西方翻译过来的。古代中国没有"人格"这个词，但有"人品""为人""品格"这些词。在中国古典哲学中，有关于独立人格的思想（虽然没有这个名词）。什么叫独立人格？就是指人自己有一个独立意志，它不受外界势力的压制。孔子说："三军可夺帅也，匹夫不可夺志也。"这里承认平民也有独立的不可改变的意志。孔子还赞扬伯夷、叔齐"不降其志，不辱其身"。实际上，在当时，有很多隐士，即有一定文化而不肯出来做官、不与当权派合作的人，这种人也可以说是有独立意志的。孔子肯定每一个人都有独立意志，但是否每个人都能保持其独立意志就不一定。孟子也有类似的思想，他认为，君主和贤士都应该"乐道忘势"，这里，"忘势"就是要保持自己的独立人格。在战国时代，特别强调独立人格的是陈仲子，此人出身贵族，但他认为贵族的势力、地位都是不道德的，所以他摆脱了贵族地位，织草鞋维持自己艰苦的生活。他主张"不恃人而食"，强调自食其力。

《韩非子·外储说右上》曾讲了这样一个故事：武王灭商以后，姜太公被封到齐国。当时齐国有两个人，一个叫狂矞，一个叫华士，对姜太公采取不合作态度，他们说："吾不臣天子，不友诸侯，耕作而食之，掘井而饮之，吾无求于人也……不事仕而事力。"结果，太公认为"望不得而臣也……是以诛之"。周公责备姜太公不该杀这两个好人，姜太公回答说，这种不听命令的人不能留下来。这个故事有两层意思：一是在周初也有特别强调独立意志的人物，不肯向国君、贵族称臣，表现出不合作态度；另一层意思是，当时的执政者对这种人有两种态度，其中周公持比较宽容的态度。

儒学对陈仲子、狂矞等人持既赞扬又批评的态度。孟子认为陈仲子很了不起，但指责陈仲子不管"亲戚君臣上下"，认为这种人虽有独立意志，但实际上不算伟大。孟子认为伟大人物应该既有独立人格，又承认君臣父子关系。所谓"大丈夫"，一方面"富贵不能淫，贫贱不能移，威武不能屈"，具有强烈的独立人格；另一方面，在坚持自己原则的前提下，可以和当权派合作，这与陈仲子的完全不合作态度是不一样的。孟子把人分为三种：事君人，即侍奉、服务国君的人。这种人没有什么价值。安社稷人，即把安定国家、社稷作为自己职责的人。这种人并不完全听君主的命令，有一定的独立人格，但其价值也不很高。大民，是最高的一种人。这种人认为，在天地间我是一个独立的人，我有自己的原则，我可能事君，也可能不事君，这取决于君主对我的态度。如果他听我的话，我就帮他的忙；不听，就不帮。

早期儒家试图把人伦关系和独立人格统一起来，叫人在人伦关系中保持独立人格，但在汉朝以后，至唐、宋、元、明、清专制主义越来越严重。专制主义的特点就是不承认人民的独立人格。在专制时代，一般人民是没有独立人格的，但当时许多知识分子要争取独立人格。我认为，在汉朝以后，中国历史上存在王权和士权的斗争。有同志作文章，认为中国专制时代只有王权主义，我认为这不全面。尽管当时的专制君王力使王权高于一切，但也有一部分知识分子不甘完全屈服于皇帝，要保持自尊，因而起来与王权抗争。如汉朝末一批士大夫知识分子反对代表皇帝的宦官势力，导致"党锢之祸"。又如明朝的东林党人也起来反对当权派。东林党人认为"是非"不应由朝廷来决定，而应由知识分子来决定，知识分子认为是对的，才是对的，而朝廷是不能评判"是非"的。后来明末清初的黄宗羲继承和发扬了这一思想，他认为，是非不应由皇帝来决定，而应由学校来决定，皇帝认为是者不一定是，非者不一定非，只有学校认为是者才是，非者才非。这里已表现出一种初步的民主观念。

封建时代的知识分子有三种态度：（1）士为知己者用。看重我、利用我，我就帮你的忙。这是多数知识分子的态度。（2）以天下为己任。把天下的事情作为自己的责任，移风易俗，改变社会，发挥自己的主体性、自觉性，根据自己的原则来发挥作用。这种态度可以说是独立人格的表现。（3）苟合取容，不顾廉耻。没有原则，没有独立人格，为一碗饭甘为奴婢。这是一种最下贱的态度。

以天下为己任者是少数，但在历史上起作用的就是这种人，如明末清初的大思想家黄宗羲、顾炎武、王夫之。此外还有许多隐士，不肯向当权派屈服。在清初，满族入主中原，康熙皇帝为拉拢汉族知识分子，采取一个政策，以"博学宏词"的头衔招纳人才，但顾炎武坚决不应考，说非要我考，我就自杀。另一位思想家傅山也拒不应试。从秦汉一直到明末，一直有这种保持独立人格的知识分子。

# 人之所以为人

人与禽兽有何不同？这是中国古典哲学很早就关心的一个问题，到荀子则明确提出了"人之所以为人者"。在战国时期，关于这个问题，有三种见解：

（1）墨子提出人的特点是"非力不生"。

飞禽走兽靠天然物品维持生存，而人靠自己的劳动力维持生存，靠种田而获食物，靠种植桑麻织成衣服而遮蔽身体。墨子这一思想是很深刻的。

（2）孟子认为人与禽兽不同之处在于人有道德意识。

小孩知道爱父母，父母也爱小孩，这是人之为人者。道德意识的突出表现是"恻隐之心"，即看到别人痛苦，自己也很难过，要加以帮助，如一个小孩要爬到井里去，任何人看到了都要制止小孩。这是先验道德论，影响很大。

（3）荀子认为人之为人的特点在于智慧，能总结经验。

荀子不承认先验的道德意识，他主张性恶论。那么道德意识从何而来呢？是总结生活经验的结果。经验告诉人们，为生活得好些，需要遵循什么样的规范，于是道德原则就被发明出来了。后来清朝的戴震综合了孟、荀两家指出，人用智慧总结经验，发明道德。这刚好是性善而不是性恶的证明。

中国古典哲学很注重研究人的特点、研究怎样做人的道理，并认为这是做学问的主要宗旨。儒家特别强调"人之为人者"，认为人与禽兽不同，人比一般牛马有更高的价值。先秦时法家把人当作牛马看待，如《管子》说："用人如用牛马。"商鞅特别强调人民只是牛马，只配做奴隶。到了汉朝，扬雄对法家提出批评："奈何牛马之用人也！"儒家认为应当承认人高于牛马的价值，并且发挥这种价值。

在历史上也有人认为人不如牛马，如晋朝仲长敖认为人是最坏的东西，"裸虫三百，人为最劣"。人不如老虎有锐利的爪牙，但人心眼特坏，会害人。不过，从古到今，大部分人还是承认人比禽兽有价值，但人的价值到底在什么地方，还是值得研究的。我认为，应当从仲长敖指责的"坏心眼"提高到康德赞美的"善良意志"。发挥了善良意志，人就有价值。关于人的特点，直到马克思，才有一个科学的解决。在《1844年经济学哲学手稿》中关于人的特点讲得特别深刻，我认为这是关于人的特点的最高结论。

这里还有一个问题，儒学所讲的道是自律的道德还是他律的道德？有同志认为中国儒家所讲的道德只是他律，我认为这是片面的看法。我认为在孔子那里，有自律的方面，后来情况复杂化了。孔子、孟子都认为，我实行道德，是我内心的要求、内在的需要，不是受别人强迫的。孔子讲仁，有一个最重要的思想就是："为仁由己，而由人乎哉？""己欲立而立人，己欲达而达人。"我自己要有一个独立的人格，并帮助别人完成一个独立的人格；我自己要提高，也要帮助别人提高，这就是道德。这种道德完全是种内在的要求，这就表现出道德的主动性。孟子讲的"是非之心""恻隐之心""良知良能"等也是一种内在的要求，他认为实行道德没有别的期望，不是想达到别的目的，而就是为了道德本身。这应该说是自律的道德，不是他律的道德。孔子把实现道德分为两种境界："仁者安仁，智者利仁。"前者乃为仁而仁，只有为仁才心安理得，这是自律的道德，是较高的境界。后者则指实行仁对我有利，我对别人好，别人也对我好，这是为达到一个外在目的而实行仁，是一种他律，是较低的境界。到了汉朝，开始确立起"三纲"这种强制性的道德；到南宋时，这种他律的道德变成绝对性，以至提出"天下无不是之君，天下无不是之父母"的口号。在封建时代，这种他律的道德是一般人民实行的道德，少数哲学家如黄宗羲、王夫之等人则反对这种道德，主张自律的道德。在中国传统文化中，既有他律的道德，也有自律的道德，情况复杂，应加以具体分析。

## "大地之性人为贵"
——人的价值

《孝经》记述孔子曰:"天地之性人为贵。"这句"性"字同于"生"字,邢昺《孝经正义》:"性,生也,言天地之所生,唯人最贵也。"按《孝经》所述,孔子与曾子的问答并不是历史事实,所述"天地之性人为贵"亦系依托之词,但是认为天地之性人为贵,确是儒家的一贯观点。讲人之所以为贵最明确的是荀子。荀子说:"水火有气而无生,草木有生而无知,禽兽有知而无义,人有气、有生、有知亦且有义,故最为天下贵也。"(《荀子·王制》)人是有知觉的,而禽兽也可谓有知觉,有知觉还不是人的特点。人的特点是有义,所以是万物之中最有价值的。董仲舒论人贵于物云:"人受命于天,固超然异于群生。入有父子兄弟之亲,出有君臣上下之谊,会聚相遇,则有耆老长幼之施。粲然有文以相接,欢然有恩以相爱,此人之所以贵也。生五谷以食之，桑麻以衣之，六畜以养之，服牛乘马，圈豹槛虎，是其得天之灵，贵于物也。故孔子曰：'天地之性人为贵。'"（《举贤良对策》三）董氏也是以人的道德意识来论证"人之所以贵"。儒家虽然特别重视道德在人类生活中的意义，但也肯定人的生命的价值。孟子说："生，亦我所欲也；义，亦我所欲也。二者不可得兼，舍生而取义者也。"（《孟子·告子上》）这里固然强调在生与义"二者不可得兼"的情况下应"舍生而取义"，但是首先肯定"生，亦我所欲也"，在一般的情况之下，生与义二者还是"可得兼"的。董仲舒论养身与养心的关系说："利以养其体，义以养其心。心不得义不能乐，体不得利不能安。义者，心之养也；利者，体之养也。体莫贵于心，故养莫重于义。"（《春秋繁露·身之养莫（重）于义》）这虽然肯定"养莫重于义"，但也承认"体不得利不能安"，"身之养"也是重要的。

儒家肯定"人贵于物"，其主要含义是"人类"贵于其他物类，这其中也包含每一个"个人"贵于其他每一个"个物"的意义。这一方面肯定人类的价值，另一方面也承认个人的价值。但是儒家于人与人之间又区分了上下贵贱，所以实际上没有肯定劳动人民的个体价值。

## 关于人格类型的思想


"人格类型"这一概念是现在西方理论家提出的,但在中国近代也有比较接近人格类型概念的思想。孔子提出人可分为三种:"狂""狷""中行"。狂者进取,有较高的理想和抱负,自信,但不一定能言行一致;狷者有所不为,谦虚谨慎,但没有很高的理想;最理想的人格是"中行",兼有"狂""狷"之优点而无其缺点。孔子认为他的学生中没有一个能做到"中行",他大概认为自己就是这种类型。西方人格论讲外向、内向,"狂"接近外向型人格,"狷"接近内向型人格。至于"中行"则是内、外结合,但这很难做到,一般人要么外向,要么内向。东汉末年刘劭写了《人物志》,我认为是中国最早的人才学著作。他认为人才有两种:"明白之士,达动之机,而暗于玄虑;玄虑之人,识静之原,而困于速捷。"意思是说,"明白之士"聪明敏锐,了解很多事情,但缺乏深刻的思想;"玄虑之人"有深刻的智慧，但办事和处理问题很慢。前者是外向型人格，后者是内向型人格。刘劭又讲英雄可分为两种：一种是"英"，很聪明，很有智慧，能办事；一种是"雄"，有力气，有毅力。前者如刘邦，后者如项羽。"英雄"则兼有两者。刘劭还详细地把人分为十二种，其中每种皆有其长处，也有其短处。

## 理想人格的设计

儒家认为最高的理想人格是"圣人"。"聖"字从耳,商朝时把能听见上帝声音的人称为"圣人"。到了周朝,周公把"圣"字的意思改变了,他认为,人不是通过耳朵了解上帝的意志,而是通过行为,有道德,就是了解了上帝,上帝就对你好;没有道德,就不了解上帝,上帝就抛弃你。孔子对"圣"字又有新的解释:圣是最高的人格,是为人民解决问题的人,所谓"博施于民而能济众"。有弟子问孔子,你算是圣人吗?孔子答道,我怎能算圣人呢?我只能做到"学而不厌,诲人不倦"。他的弟子认为,"学而不厌"就是智,"诲人不倦"就是仁,既仁且智,就是圣人了。

道家认为儒家的仁、爱人是有相对性和欺骗性的。儒家讲的智是相对的知识。因此既仁且智并非最高的人格和价值,只有"至人"才是最高的人格,才能"体道""体无"。"至人"不是通过感觉、思维来认识道，而是通过神秘的直觉。道家讲的"至人"太玄虚，不如儒家讲的"圣人"较为实际。

儒家倡导"三达"：智、仁、勇。"好学近乎智，力行近乎仁，知耻近乎勇。"提得比较全面，但具体解释有些片面，比如用知耻来解释勇。知耻是精神的勇，而不是身体的勇，儒家忽视了后一方面。勇敢必须有健康的身体，所以西方很注重力量。一个人有很强的生命力，身体健壮，才有价值。

宋明理学常讲"孔颜乐处"。"一箪食，一瓢饮，人不堪其忧，回也不改其乐。"（《论语·雍也》）这里有一个问题：孔子赞美颜回安贫乐道，但他是否要求每个人都应该如此而不必求财富？他是否认为这是每个人都应努力达到的最高境界？我看未必。孔子有一次到卫国去，见到人口很多。学生问人口多怎么办，孔子说"富之"；学生又问他们富了怎么办，孔子说"教之"，即提高他们的精神境界。由此可见，孔子认为"富"是很重要的。安贫乐道只有在一种情况下才是可取的，即当生活条件不好时，不要勉强求富，不要被贫困所摧垮，而是保持和提高自己的精神境界。孔子的另一个学生问"克伐怨欲"算不算仁，即克制自己的怨气、欲望算不算有道德，孔子认为做到这一层是很难能可贵的，但够不上仁。仁者，一方面，自己能够做到安贫乐道；另一方面，还能有所作为，帮助别人。颜回虽已达到了很好的境界，但未达到最高境界。颜回只活了三十二岁，我想这与他的营养不好很有关系。一个人要有精神境界，但也要有物质基础。

# "圣人,人伦之至也"
## ——人与人际关系

儒家强调"人伦"。孟子说:"人之有道也,饱食、煖衣、逸居而无教,则近于禽兽。圣人有忧之,使契为司徒,教以人伦:父子有亲,君臣有义,夫妇有别,长幼有叙,朋友有信。"(《孟子·滕文公上》)人伦即人际关系,五伦即五种人际关系,其中包含一定的层次。父子是两代的关系,君臣是上下的关系,夫妇是两性的关系,长幼是年龄先后的关系,唯朋友是简单的人际关系。儒家认为人生最重要的事情是处理好人与人的关系,所以孟子说:"圣人,人伦之至也。欲为君,尽君道;欲为臣,尽臣道。"(《孟子·离娄上》)"人伦之至"就是尽人伦之道。父子、君臣、夫妇、长幼、朋友,各有应该遵循的准则。荀子说:"圣也者,尽伦者也;王也者,尽制者也。两尽者,足以为天下极矣。"(《荀子·解蔽》)荀子把伦理与法制分为相互联系的两个方面，在这一点上较孟子为切合实际。

孟子强调人伦，但他更强调人的独立人格。他说："生亦我所欲，所欲有甚于生者，故不为苟得也；死亦我所恶，所恶有甚于死者，故患有所不辟也。……非独贤者有是心也，人皆有之，贤者能勿丧耳。一箪食，一豆羹，得之则生，弗得则死。呼尔而与之，行道之人弗受；蹴尔而与之，乞人不屑也。"（《孟子·告子上》）"呼尔而与之""蹴尔而与之"，即不尊重对方的人格，不把人当作人看待。这是普通人也不能接受的。"所欲有甚于生者"，即要求尊重个人的独立人格。孟子又说："食而弗爱，豕交之也；爱而不敬，兽畜之也。恭敬者，币之未将者也。恭敬而无实，君子不可虚拘。"（《孟子·尽心上》）人与人之间，既应相爱，也应相敬。父子之间、君臣之间、夫妇之间、长幼之间、朋友之间，首先应该承认对方也是人，应该把人当作人看待。这是孟子的基本观点，在孟子的思想中，人伦与人格独立是彼此相容，并无矛盾的。

道家不承认儒家所讲的"君臣之义"，杨朱提出"为我"。孟子说："杨子取为我，拔一毛而利天下，不为也。"（《孟子·尽心上》）所谓"拔一毛而利天下"，照韩非的记述，应是"不以天下大利易其胫一毛"之意（《韩非子·显学》）。"为我"即肯定自我。《吕氏春秋·不二》云："阳生贵己。""为我""贵己"都是肯定个人的主体性，这是他的独特见解。可惜杨朱的详细理论失传了。

法家亦不重视人伦。韩非认为，父子之间，君臣之间，都是以计算之心相传的。韩非说："且父母之于子也，产男则相贺，产女则杀之。此俱出父母之怀衽，然男子受贺、女子杀之者，虑其后便、计之长利也。故父母之于子也，犹用计算之心以相待也。而况无父子之泽乎！"（《韩非子·六反》）又说："君以计畜臣，臣以计事君。君臣之交，计也。……君臣也者，以计合者也。"（《韩非子·饰邪》）又说："且臣尽死力以与君市，君垂爵禄以与臣市。君臣之际，非父子之亲也，计数之所出也。"（《韩非子·难一》）父子之间、君臣之间，都存在着一定的利害关系，并不像儒家所宣扬的相爱相敬的关系。韩非之说反映了一部分事实，是儒家人伦学说的补充。

汉儒宣扬所谓三纲，即"君为臣纲，父为子纲，夫为妻纲"，强调了臣对于君、子对于父、妻对于夫的服从关系。三纲之说不见于先秦儒家的典籍。《韩非子·忠孝》篇有云："臣事君，子事父，妻事夫。三者顺则天下治，三者逆则天下乱。"这可能是汉儒三纲之说的先导。三纲是与君主专制的政治制度相互配合的。三纲说的流行，严重压抑了人民的人格独立的主体意识，是套在人民头上的沉重枷锁。

在君主专制制度的压迫之下，人民的主体意识受到严重的摧残。虽然如此，一部分知识分子，部分自食其力的劳动者，仍然坚持争取人格独立的斗争，每一个朝代，都有"特立独行"的人，都有"以天下为己任"同不良势力进行坚决斗争的人。这些情况，官修的《二十四史》中也都有所记载。那些"以天下为己任"的大丈夫，大都受过儒家的教育；那些"特立独行"的人，大都受过道家的影响。这也证明，儒家和道家的思想体系都包含有肯定的"人的尊严""独立人格"，以及"个性自由"的思想观点。道家哲学是消极思想，但其中含有对于君权的批判；儒家是承认君权的，但也不同意个人独裁。儒家虽然有其保守倾向，但也含有宣扬积极进取的思想。这些错综复杂的实际情况，都是应该注意的。

（本文有删节）

## 自我实现与自我超越

我认为,所谓自我实现,就是把人的潜能发挥、发展出来。在中国古典哲学中,无"自我实现"一词,但有类似的思想。孟子提出一个口号:"人皆可以为尧舜。"尧舜是最高的人格,是圣人,但每个人都有做尧舜的可能性,把这种可能性实现出来,人就成了圣人。孟子又说:"圣人与我同类者。""舜,何人也?予,何人也?有为者亦若是。"圣人也是人,我也是人,因此我也可以做圣人,而且只有成为圣人,才实现了自己的可能性。那么,如何才能做圣人呢?"尽心、知性、践形。"所谓尽心,就是了解自己心中到底有什么内容;所谓知性,就是了解自己的本性、自己的道德要求,即"善端";所谓践形,就是实现身体里面的可能性,使之表现为现实的存在。孟子认为自己就能尽心、知性、践形,养成"浩然之气"。我把自己的内在的"气"发挥出来,就充满了天地之间,我就与天地万物合为一体,这样,一方面我超越了有限的小我;另一方面,"万物皆备于我",形成了与宇宙合为一体的大我。这既是自我实现,又是自我超越,就是做人的最高境界。我认为孟子的尽心、知性、践形,有自我实现的意义。

宋明理学发挥了孟子这一思想。程颢讲人的最高境界就是与天地万物合为一体,张载主张"视天下无一物非我",这样,一方面,人实现了自我;另一方面,人又超越了自我。

到了王夫之、颜元这里,"践形"的思想得到特别的强调。

王夫之提出"尽性在于践形"。尽量发挥自己的本性,其要在于实现身体各部分的机能。人身上有耳、目、手足,眼睛要明,耳朵要聪,看见一切事物,听见一切声音,做各种活动,才算是践形。老庄讲静,理学家也讲静,王船山反对守静,他强调活动。所谓"形之所成斯有性,情之所显惟其形",就是强调人的本性和形体、活动之间的相互关系,不活动就无所谓道德,就不能实现道德,所以讲仁义、道德,就要活动。人做到耳聪目明、手足活动,做许多事情,才算是圣人。

颜习斋提出"践形以尽性",与王夫之说的是差不多的意思,必须发挥身体各器官的机能,才能实现自己的本性。颜元激烈反对静坐和死读书。

王夫之和颜元的自我实现思想,固然与我们讲的不一样,但也有相似之处,在16世纪,西方已进入近代,有许多进步思想,王、颜的思想与之有相当的差距,但在中国,毕竟是一种进步思想,可以说是一种中国式的自我实现思想。

# 谈中国传统哲学与自我实现

1987年7月有一天许金声同志来谈，共同讨论中国传统哲学中有无"自我实现"观念的问题。8月3日，《光明日报》上发表了当时的谈话录，题为《中国传统哲学与"自我实现"》。当时语录不详，对于许多问题都没有做出比较切当的分析，1988年1月25日《光明日报》发表了何中华同志和我商榷的文章《也谈中国传统哲学与"自我实现"》，这种商榷的态度是值得欢迎的。

何中华同志说："把中国儒家的某些思想同马斯洛的自我实现加以类比，甚至等同起来，似不妥。马氏的自我实现理论和中国儒家思想是建立在两种完全不同的文化背景之上的。……因此不能相提并论，更不能简单地等同。"我同意"马斯洛的自我实现理论和中国儒家思想是建立在两种不同的文化背景之上的"，"不能简单地等同"，但是，是否因此就不能把两者加以比较呢？我郑重声明：我并没有把儒家的某些思想与马斯洛的自我实现学说"等同"起来的意思。

我认为,我们不能说现代的一些新观念、新思想都是"古已有之",却也不能说现代的一些新观念、新思想都是古皆无之。新与旧是相对而言的。古与今,中与外,在一定条件之下,还是可以相比的。马斯洛的人本主义心理学是一种实验科学的理论,其中含有一定的哲学观点。但是,"自我实现"的观念却不是从马斯洛开始的,"人的能动性、主体性"的观念也不是从马斯洛开始的。有人认为,这些观念都是西方近代17、18世纪以后才有的,而是古代本来所没有的。我认为,不经过具体考察与具体分析,轻易地下此结论,也未必合乎事实。

这里关涉到对于儒家的一些思想观点的理解问题。何中华同志对于儒家的仁、礼等观念进行了分析,从而得出一个结论说:"这不是自我发现,而是发现一个否定自我的非我。"也就是认为,儒家所讲的不过是自我压抑、自我否定而已。儒学的实际情况是否如此呢?

孔子兼重仁与礼。在孔子的思想中,是仁居于主导地位还是礼居于主导地位,近年学术界展开了争论。我一向认为,在孔子的思想体系中,仁是中心观念。《吕氏春秋·不二》篇讲"孔子贵仁"而不说"孔子贵礼",这表明了战国时代人们的认识。《论语》中明确有"礼后"之说,更足以证明在孔子思想中礼不是第一原则。孔子讲过"克己复礼为仁",这是人们认为孔子以"礼"规定"仁"的依据。但所谓礼也具有复杂的含义,可以区分为不同的层次,简单说来,有尊卑贵贱之礼,有作为"人情节文"的礼。儒家讲礼,强调尊卑贵贱的等级,但是同一等级的人彼此之间也要行礼。时至今日,尊卑贵贱之礼应该废除了(事实上其影响并没有消失),但是人际之间也还要遵守一定的礼节。不能说孔子所谓"克己复礼"就是专门维护尊卑贵贱的等级制度。

孔子论仁,最重要的一条是"己欲立而立人,己欲达而达人"(《论语·雍也》)。这里的"己欲立""己欲达"乃是仁的出发点。我认为,"己欲立"的主要含义是要求"自立",也就是肯定自己的独立人格。孔子肯定人人有自己的不可剥夺的意志,他说:"三军可夺帅也,匹夫不可夺志也。"(《论语·子罕》)匹夫就是平民,这就是承认平民也都有独立的意志。立己、立人,正是肯定人和己都具有独立的人格。近代所谓人格,古代称之为"为人",不能因为古代没有人格的名词,就说古代没有人格的思想。我认为,在仁与礼二者之间,仁还是居于主导地位。何同志认为仁是"人们对礼的自觉""人的主体性、创造性受到礼这种外在力量的压抑,仁不过使这种压抑变成自觉自愿的过程而已"。这认为孔子的仁完全是屈从于礼的控制的,我则认为这种观点并无充足的理由。

何同志引马克思的话:"专制制度唯一的原则就是轻视人,使人不成其为人。"接着说:"建立在专制制度之上的儒学不能不带有这种轻视人、压抑人的根本特征。"马克思此语是在批判专制制度,这里却引用来作为批判儒学的论据,这也是不切当的。中国历史上,专制制度的明确建立,应该说始于秦始皇。先秦的孔孟学说并不是建立在专制制度之上的。孔子反对"言莫予违"的君主独裁,孟子更提出"民为贵""君为轻"之说,都不是鼓吹君主专制的。先秦儒家虽然没有明确的"民主"观念,但也不提倡君主专制、个人独裁。不能把儒家学者看作君主专制的辩护士。

何文说:"孔子虽曾讲过仁者爱人,但总的来看是虚伪的。因为这种爱是以等差为基础的。"儒家的仁是有等差的,但是在一定范围内,在一定程度上,也具有一定的真实意义。孟子鼓吹"省刑罚、薄税敛",指斥"庖有肥肉,厩有肥马,民有饥色,野有饿莩",固然仍是维护等级制度的,但在一定程度上也还是考虑到人民群众的要求。

何文又说:"儒家所谓学不是对知识和理性的追求,而是一种道德修养。宋明理学则把对人性的否定推向了极致。"如此轻下结论,令人惊愕!事实上,儒家所谓学既是一种道德修养,也是对知识和理性的追求。宋明理学强调发扬"人之所以为人者",也不是对人性的否定。我曾多次著文论证这些问题,现在不必多赘了。

何同志说:"在儒学的基本框架中,理想人格是残缺不全的。"这话我可以同意。但是谁的理想人格是完满无缺呢?近代西方哲学较儒家为先进,但近代西方思想家所宣扬的理想人格就完满无缺吗？

何文说："自我实现弘扬的人的主体性、能动性，这是在人本主义哲学背景下必然具有的特征，但这种特征在儒家哲学中是找不到的。"我看也不尽然。且不论先秦的孔孟学说，明清之际的王船山、颜习斋强调"尽性践形"，确有发挥人的固有潜能的意义。船山、习斋的著作俱在，这是可以进行具体考察的。这里牵涉到所谓人本主义的历史范畴的问题。"人本主义"是西方近代思想家提出的，是否古代思想家的一些与近代"人本主义"观点有所类似的观点也可以称为"人本主义"呢？有人坚决认为"人本主义"只是近代思潮，也有人认为古代反对"以神为本"的思想也可以称为人本主义。我赞成后一种观点。这项争论大概不会有一致的结论，可能要永远争论下去。我希望标榜"人本主义"的人们尊重不同的意见。

近年以来，国内出现了一种思潮，要求全面否定民族的传统，认为中国五千年文化传统毫无是处，甚至断言，"在整体设计上取消主体价值，抹杀独立人格的传统文化，真正的人不可能萌芽成长"（《中国传统文化的再估计》）。这无异于说几千年的中国文化还没有真正的"人"的观念，几千年的中华民族还没有一个真正的"人"！这实际是重复西方殖民主义者诬蔑落后国家的语言！西方以往的殖民主义者宣扬白种人的优越，鄙视有色人种，认为有色人种只配接受白种人的奴役。现在西方这种论调已经减少了，而有色人种中间却发出了本民族没有真正的人、本民族的分子都不具备人格的论调，这就未免令人骇怪了！过去顽固派的民族自大狂是庸妄的，殖民地的民族自卑自贱也是荒谬的。我们应虚心学习西方的先进文化成就，同时对于本民族的传统学术也应进行切合实际的分析。

马斯洛的人本主义心理学所谓"自我实现"与中国儒家的"尽性践形"观念，确有古与今、东与西的区别，彼此之间确存在着很大的距离，但是也不是毫无共同之处。

近年海外一些华裔学者谈论儒学新发展的可能性，国内也有人把几个老学者称为"新儒家"。我不同意儒学新发展的议论，也不同意把一些老学者称为"新儒家"。我认为，五四运动以来，儒学占统治地位的局面已经一去不复返了，儒学已经成为一个历史上学派的名称，但对于儒家的学说还应进行客观的分析、科学的研究。消除封建意识、封建遗风的任务还远远没有完成，但是仅仅诅咒传统也是无益于事的，肯定民族文化内部含有向前发展的内在基础与内在动力，认识并正确理解这种向前发展的内在基础与内在动力还是必要的。

# 天人合一观念的起源与演变

天人合一的观念可以说起源于西周时代,周宣王时的尹吉甫作《烝民》之诗,有云:"天生烝民,有物有则;民之秉彝,好是懿德。"(《诗经·大雅·荡之什》)这里含有人民的善良德性来自天赋的意义。孟子引此诗句并加以赞扬说:"孔子曰:为此诗者,其知道乎!故有物必有则。民之秉彝也,故好是懿德。"(《孟子·告子上》)这是孟子"性""天"相通思想(见下)的来源。

《左传》成公十三年记载周室贵族刘康公的言论说:"吾闻之:民受天地之中以生,所谓命也。是以有动作礼义威仪之则,以定命也。"这里对于"天地之中"未作解释,主要是指天地的精粹而言。这里把"天地"与人的"动作礼义威仪之则"联系起来,表现了天人相通思想的萌芽。郑国著名政治家子产区别了天道与人道,他说:"天道远,人道迩,非所及也,何以知之?"

(《左传》昭公十八年）子产反对当时占星术的迷信，这是有重要进步意义的，但是子产也肯定天与人的联系。以《左传》昭公二十五年记载郑子太叔（游吉）的言论云："吉也闻诸先大夫子产曰：夫礼，天之经也，地之义也，民之行也。天地之经，而民实则之。则天之明，因地之性，生其六气，用其五行。……为君臣、上下，以则地义；为夫妇、外内，以经二物；为父子、兄弟、姑姊、甥舅、昏媾、姻亚，以象天明……哀有哭泣，乐有歌舞……哀乐不失，乃能协于天地之性，是以长久。……礼，上下之纪、天地之经纬也，民之所以生也，是以先王尚之。"这里子太叔引述子产的遗言而加以发挥，认为礼是"天经""地义"，是"天地之经纬"，把天地与人事联系起来。（这里子产的遗言是到何句为止，已难确定。）这是从伦理道德来讲天人关系，以为天地已具备了人伦道德的根据，这种观点是和当时的占星术不同的，而含有深刻的理论意义。子太叔的这些言论为后来汉宋儒者所继承。不同的是，这里以为"君臣上下"是"以则地义"，与天无关，而父子、兄弟等等则是"以象天明"。后来《周易·系辞》则以"天尊地卑"来说明"君臣上下"，与子太叔不同了。子太叔的观点表现了原始朴素的性质。

　　孔子虽然推崇子产，却没有谈论"天经地义"等问题。（《孝经》所说是后人依托。）到孟子，把天与人的心性联系起来。孟子说："尽其心者，知其性也。知其性，则知天矣。"（《孟子·尽心上》）以为尽心即能知性，知性就知天了。孟子此说，非常简略，不易理解。于此应先考察孟子所谓心、性、天的意义。孟子论心云："耳目之官不思，而蔽于物。物交物，则引之而已矣。心之官则思，思则得之，不思则不得也，此天之所与我者。"（《孟子·告子上》）心是思维的器官，心的主要作用是思维。孟子论性云："恻隐之心，人皆有之；羞恶之心，人皆有之；恭敬之心，人皆有之；是非之心，人皆有之。恻隐之心，仁也；羞恶之心，义也；恭敬之心，礼也；是非之心，智也。仁义礼智，非由外铄我也，我固有之也，弗思耳矣。"（《孟子·告子上》）性的内容即是恻隐之心、羞恶之心、恭敬之心、是非之心。所以尽心即能知性。这恻隐、羞恶、恭敬、是非之心，都是"思则得之，不思则不得"的，而这思的能力是天所赋予的。孟子以天为最高实体，是政权的最高决定者，舜、禹有天下，都是"天与之"（《孟子·万章上》）。又说："舜、禹、益相去久远，其子之贤不肖，皆天也，非人之所能为也。莫之为而为者，天也；莫之致而至者，命也。"（《孟子·万章上》）凡"非人之所能为"的，都是由于天。天又赋予人以思维能力，即所谓"心之官则思，思则得之，不思则不得也，此天之所与我者"。孟子认为，思是"天之所与"，思与性是密切联系的，所以"知性"即"知天"。

孟子"知性则知天"的观点，语焉不详，论证不晰，没有举出充分的理据。荀子批评孟子"甚僻违而无类，幽隐而无说，闭约而无解"（《荀子·非十二子》）。如果是批评孟子"知性则知天"之说，确有中肯之处。但孟子通贯性、天的观点对于宋明理学影响极大。张载、程颢、程颐都接受了孟子的这个观点，对之提出了各自的解释和论证。

道家老子以"有物混成，先天地生"的道为最高实体，不以天为最高实体，因而在老子哲学中没有涉及天人合一的问题，老子以道、天、地、人为"域中四大"，宣称"人法地，地法天，天法道，道法自然"，但没有多谈天地与人的关系。老子摒弃儒家的"仁义"，要求"见素抱朴"，回到自然。庄子更将"天"与"人"对立起来，主张"不以心捐道，不以人助天"（《庄子·大宗师》），"无以人灭天，无以故灭命"（《庄子·秋水》），这是要求放弃人为，随顺自然。如果完全放弃了人为，就达到"畸于人而侔于天"（《庄子·大宗师》）的境界，也称之为"与天为一"（《庄子·达生》）。但是这所谓"与天为一"不是天人相合，而是完全违背了人。所以荀子批评庄子"蔽于天而不知人"（《荀子·解蔽》），这是完全正确的。

荀子反对庄子"蔽于天而不知人"，不同意孟子的"知天"，宣称"唯圣人为不求知天"，而强调"明于天人之分"（《荀子·天论》）。但是，荀子也承认天与人有一定联系，他把人的"好恶喜怒哀乐"称为"天情"，把"耳目鼻舌"称为"天官"，把"心居中虚，以治五官"称为"天君"。又说："财非其类，以养其类，夫是之谓天养；顺其类者谓之福，逆其类者谓之祸，夫是之谓天政。"而圣人的作用是"清其天君，正其天官，备其天养，顺其天政，养其天情，以全其天功"。圣人虽然是"明于天人之分"，但也不是脱离天的。荀子提出"制天命而用之"的重要命题，强调人的能动作用，这是荀子的独特贡献。荀子虽然没有割断天与人的联系，但是所强调的是"天人之分"，他是中国哲学史上不讲天人合一的思想家。

战国时期，一些传授《周易》的儒家学者依托孔子的名义写成《易传》十篇。汉代为了区别于后人写的"易传"，称依托孔子的十篇为《易大传》。这十篇不是一人的手笔，也不是一时的作品，大致是战国中期至末期的著作。《易传》中提出了关于天人关系的精湛见解，《周易·文言》提出"与天地合其德"的理想，说："夫大人者，与天地合其德，与日月合其明，与四时合其序，与鬼神合其吉凶。先天而天弗违，后天而奉天时。天且弗违，而况于人乎？"所谓先天，即为天之前导，在自然变化未发生以前加以引导；所谓"后天"，即遵循天的变化，尊重自然规律。《周易·象传》说："天地交，泰。后以财成天地之道，辅相天地之宜，以左右民。"（《周易·泰卦》）财成即加以裁制成就，辅相即遵循其固有的规律而加以辅助。这里强调统治者（"后"即君）的作用，属于唯心史观，这在当时是不可避免的。《周易·系辞上传》讲圣人的作用说："与天地相似，故不违；知周乎万物，而道济天下，故不过；旁行而不流，乐天知命，故不忧；安土敦乎仁，故能爱。范围天地之化而不过，曲成万物而不遗，通乎昼夜之道而知。"圣人有广博的知识，"知周乎万物",又坚持原则,"旁行而不流";不违背天命,"乐天知命",又发挥德行的作用,"敦乎仁";对于天地之化加以"范围",即加以制约;对于万物则委曲成就,"曲成万物"。其所以如此,在于通晓阴阳变化的规律:"通乎昼夜之道而知"。用现代语言来说,可谓天人调谐,一方面尊重客观规律,另一方面又注意发挥主观能动作用,这是关于天人关系的一种全面观点。

汉代董仲舒提出"人副天数"的观点,他认为:"人有三百六十节,偶天之数也;形体骨肉,偶地之厚也。上有耳目聪明,日月之象也;体有空窍理脉,川谷之象也;……天以终岁之数,成人之身,故小节三百六十六,副日数也;大节十二分,副月数也。内有五藏,副五行数也;外有四肢,副四时数也。乍视乍瞑,副昼夜也;乍刚乍柔,副冬夏也;乍哀乍乐,副阴阳也……于其可数也,副数;不可数者,副类。"(《春秋繁露·人副天数》)此其为说,牵强比附,内容粗浅而繁琐,理论价值不高。董仲舒又说:"天地之常,一阴一阳。阳者天之德也,阴者天之刑也。……天亦有喜怒之气、哀乐之心,与人相副,以类合之,天人一也。"(《春秋繁露·阴阳义》)把天的阴阳说是天的哀乐,也是附会之谈。又说:"事各顺于名,名各顺于天,天人之际,合而为一。同而通理,动而相益,顺而相受。"(《春秋繁露·深察名号》)以为名号出于天意。再之,"以类合之,天人一也"是董仲舒关于天人关系的结论,实则论证不足。董仲舒又提出"道之大原出于天"的命题（《举贤良对策》），把君臣、父子、夫妇的伦理原则归属于天，为封建社会的等级秩序提供天道的根据。董仲舒所谓天具有奇特的含义，一方面天是"百神之大君"，是有人格的神灵；另一方面天又是包括日月星辰的天体。因而他所谓"天人一也"的含义也是复杂而含混的。董仲舒又讲天人感应。在董氏的系统中，天人感应与"天人一也"是密切联系的，因为他所谓天有"喜怒之气""哀乐之心"，但是在理论逻辑上，天人感应思想与天人合一观点并无必然的联系。

王充猛烈攻击天人感应的迷信思想，他断言"天本而人末""天至高大，人至卑下"（《论衡·变动》），他是不承认所谓"天人一也"的。但是王充也肯定"天禀元气，人受元精"（《论衡·超奇》），又说："上世之天，下世之天也。天不变易，气不改更。上世之民，下世之民也，俱禀元气。"（《论衡·齐世》）这样，天和人都是"禀元气"的，还是有其统一性。

唐代柳宗元强调"天人不相预"，刘禹锡提出"天人交相胜"，都属于不讲天人合一的思想家。

到宋代，天人合一思想有进一步的发展，张载明确提出"天人合一"的命题，他是针对佛教"以人生为幻妄"的主观唯心主义而提出这个命题的。张载说："释氏语实际，乃知道者所谓诚也，天德也。其语到实际，则以人生为幻妄，以有为为疣赘，以世界为荫浊,遂厌而不有,遗而弗存。就使得之,乃诚而恶明者也。儒者则因明致诚,因诚致明,故天人合一,致学而可以成圣,得天而未始遗人,《易》所谓不遗、不流、不过者也。"(《正蒙·乾称》)佛教哲学追求最高的绝对的实体,称之为"实际",亦称之为"真知",而认为现实世界是不真实的。张载用《中庸》的"诚""明"学说加以批判。所谓"诚"指天道,又指"不勉而中,不思而得,从容中道"的圣人境界。以诚为天道,即是认为天是真实而具有一定规律的。以诚为圣人的境界,即是认为圣人的一切行为都是合乎原则的。《中庸》又讲诚与明的关系:"诚则明矣,明则诚矣。"诚即达到"从容中道"的境界,明指对于这种境界的认识理解。《中庸》讲诚,把天道与圣人的精神境界混为一谈,表现了唯心主义倾向;另一方面肯定天是真实的、具有一定规律的,又表现了唯物主义的倾向。张载认为,肯定现实世界的实在性,才可谓"明",而佛教否认现实世界的实在性,专讲所谓"实际",这至多是"诚而恶明",这是割裂了天人,违背了真理。张载以天人合一的观点解释所谓诚明,他说:"天人异用,不足以言诚;天人异知,不足以尽明。所谓诚明者,性与天道不见乎小大之别也。"(《正蒙·诚明》)又说:"性与天道合一存乎诚。"(同上)他认为,如果不承认人的作用亦即天的作用,就不是诚;如果不承认知天与知人的统一性,就不是明。诚明就是肯定天道与人性的同一。这性与天道的同一性何在?他说:"圣人语性与天道之极,尽于参伍之神变易而已。"（同书《太和》）又说："性与天道云者，易而已矣。"（同上）性与天道的内容就是变化。他又说："太和所谓道，中涵浮沉、升降、动静、相感之性。"（同上）这性即是"浮沉、升降、动静、相感之性"，即运动变化的潜能。这样，张载提出了对于孟子所谓"知性知天"的新解释，肯定运动变化即是天道，也即是人的本性。

张载以"变易"为"性与天道"，他没有从这"性与天道"中引申出道德原则来，他是从性的普遍性来引出道德原则的。他说："性者万物之一源，非有我之得私也，惟大人为能尽其道，是故立必俱立，知必周知，爱必兼爱，成不独成。"（《正蒙·诚明》）因为人人物物都有统一的本性，所以应该爱人爱物。

张载的"天人合一"观点的主要思想是：一、天和人都是实在的，"天人"之"用"是统一的；二、天和人都以"变易"为本性。张载所谓"天"指无限的客观世界，"由太虚，有天之名"（《正蒙·太和》），"天大无外"（同上）。他主张"本天道为用"（同上），"范围天用"（同书《大心》），把天之"用"与人之"用"统一起来，这都是唯物主义观点。但是，人性应是人之所以为人者，人性与天道应有层次的不同。张载没有区别天道与人性的层次，这表现了神秘主义的倾向。

程颢也强调"一天人"，他说："须是合内外之道，一天人，齐上下。"（《程氏遗书》卷三）又说："除了身，只是理,便说合天人,合天人已是为不知者引而致之,天人无间。"(同书卷二上)又讲:"天人本无二,不必言合。"(同书卷六)他反对讲"天人合一"。他何以反对讲"合"字呢?其理由之一是反对区别主体与客体,他说:"言体天地之化,已剩一体字。只此便是天地之化,不可对此个别有天地。"(同书卷一上)认为天地不是外在的。他又说:"若如或者,别立一天,谓人不可以包天,则有方矣,是二本也。"(同书卷十一)这是对于张载的批评,张载肯定天是外在的,程颢以为是二本,即区别主客为二。程颢提出"心即是天"的彻底唯心主义的观点:"只心便是天,尽之便知性,知性便知天,当处便认取,更不可外求。"(同书卷二上)程颢对于孟子"知性知天"作了主观唯心主义的解释。

程颢又提出"以天地万物为一体"之说,他说:"医书言手足痿痹为不仁,此言最善名状。仁者,以天地万物为一体,莫非己也。认得为己,何所不至?若不有诸己,自不与己相干。如手足不仁,气已不贯,皆不属己。故'博施济众',乃圣之功用。"(同书卷二上)又说:"人与天地一物也,而人特自小之,何耶?"(同书卷十一)这就是说,应以"天地万物"的总体为大我,不应拘于自己身体的小我。这是一种宣扬"人类之爱"的思想,这是一种空想的泛爱说教。在阶级社会中,宣扬"泛爱",是不可能实行的,但也有反对暴政的积极意义。

程颢的"天人本无二"说主要有两方面的意义:一、心便是天,天非外在,这是主观唯心主义。把"以天地万物为一体"作为最高的精神境界,这是一种"人类之爱"的理想。

程颐说与程颢有所不同,他不讲"心便是天",也不谈"以天地万物为一体",而强调天道与人道的同一性。他说:"道一也。岂人道自是人道,天道自是天道?"(《程氏遗书》卷十八)又说:"道未始有天人之别,但在天则为天道,在地则为地道,在人则为人道。"(同书卷二十二上)而这个道也就是性。他说:"称性之善谓之道,道与性一也。以性之善如此,故谓之性善。性之本谓之命,性之自然者谓之天,自性之有形者谓之心,自性之有动者谓之情,凡此数者皆一也。"(同书卷二十五)他这样把性与心联系起来,这是程颐对于孟子"知性知天"的解释。在程颐的体系中,天就是理,性也即是理,他以"理"把性、天贯通起来。

程颐解释《周易·乾卦》"乾:元亨利贞"说:"元亨利贞,谓之四德。元者,万物之始;亨者,万物之长;利者,万物之遂;贞者,万物之成。"(《周易程氏传》)以元亨利贞为始、长、遂、成。这就是认为元亨利贞是表示动植物发生发展的规律。程颐又说:"四德之元,犹五常之仁,偏言则一事,专言则包四者。"(同上)这里初步把"元亨利贞"四德与五常联系起来。朱熹继承程颐此说更加以发展,把元亨利贞与仁义礼智结合起来。朱熹说:"元者,生物之始,天地之德,莫先于此,故于时为春,于人则为仁,而众善之长也。亨者,生物之通,物至于此，莫不嘉美，故于时为夏，于人则为礼，而众美之会也。利者，生物之遂，物各得宜，不相妨害，故于时为秋，于人则为义，而得其分之和。贞者，生物之成，实理具备，随在各足，故于时为冬，于人则为智，而为众事之干。干，木之身而枝叶所依以立者也。"（《周易本义》）这把天道的元亨利贞即生长遂成与人道的仁礼义智直接统一起来，这可以说是朱熹的天人合一观点。

张载、二程论"天人合一"，立说不同，也有共同的特点，即都认为"天人合一"是最高觉悟，是人的自觉。张载肯定"天人合一"是"诚明"的境界，诚即是最高的精神修养，明是最高的智慧，以天人合一为诚明的境界，就是以天人合一为最高觉悟。程颢强调"人与天地一物也"，如果不承认"人与天地一物"，就是"自小"，就是麻木不仁。这就是说，唯有承认天地万物"莫非己也"，才是真正自己认识自己。西方有一种流行的见解，以为把人和自然界分开，肯定主体与客体的区别是人的自觉。而宋明理学则不然，以为承认天人的合一才是人的自觉。这是一个比较深刻的观点，我们可以这样说，原始的物我不分，没有把自己与外在世界区别开来，这是原始的朦胧意识。其后区别了主体与客体，把人与自然界分开，这是原始朦胧意识的否定。再进一步，又肯定人与自然界的统一，肯定天人的统一，这可以说是否定之否定，这是更高一级的认识。

王夫之论天人关系说："在天有阴阳，在人有仁义；在天有五辰，在人有五官。形异质离，不可强而合焉。所谓肖子者，安能父步亦步、父趋亦趋哉？父与子异形离质，而所继者惟志。天与人异形离质，而所继者惟道也。"（《尚书引义》卷一《皋陶谟》）从形质来说，天与人是"异形离质"的，不可强合；从道来说，天与人有"继"的关系，人道与天道有一定的联系。王夫之此说是反对董仲舒的"人副天数"，而赞同程颐所说的"天道"与"人道"的同一性。王夫之强调"尽人道而合天德"，他说："圣人尽人道而合天德，合天德者，健以存在之理；尽人道者，动以顺生之几。"（《周易外传》卷二）天的根本性质是健，人的生活特点是动。人的动与天的健是一致的。王夫之重视"健"与"动"，这是进步思想。

戴震讲伦理原则，也力图为人伦道德寻求天道的根据。他认为善的基本标准有三，即仁、礼、义。这三者"上之见乎天道，是谓顺"（《原善》）。就是说，仁、礼、义的根源在于天道。天道的内容就是变化不息，他说："道，言乎化之不已也。"也就是生生而有条理："生生者，化之原；生生而条理者，化之流。"这生生而条理就是仁、礼、义的天道根据，他说："生生者，仁乎！生生而条理者，礼与义乎！何谓礼？条理之秩然有序，其著也；何谓义？条理之截然不可乱，其著也。得乎生生者谓之仁，得乎条理者谓之智。……是故生生者仁，条理者礼，断决者义，藏主者智。"（同上）生生与条理以及条理之秩然、截然，都属于天；仁、礼、义则属于人。人懂得条理，称为智。戴震这样把"天道"与人伦之"善"联系起来。这可以说是戴氏的天人合一观点。

在中国近古哲学中,从张载、二程、朱熹到王夫之、戴震都宣扬天人合一,张载、王夫之、戴震的哲学是唯物主义的,二程、朱熹的哲学是唯心主义的。虽然都宣扬天人合一,但是两者的理论基础不同。张载、王夫之、戴震是在肯定物质世界是基础的前提下讲天人合一的;程朱学派是在肯定超自然的观念是基础的前提下讲天人合一的。但是两者都企图从天道观中引申出人伦道德来,这是中国古代哲学的特点之一。

## 儒家哲学是教育家的哲学

哲学家都有其生活经历，都有其活动经验。哲学家的思想学说经常是与他们的生活经历、活动经验有密切联系的。从先秦诸子的学说来看，这种情况尤为显著。儒家以道德为最高价值，在政治上提倡德治，我认为，这主要是因为儒家都是教育家。儒家哲学是教育家的哲学。

孔子是中国历史上第一个大规模创办私学、讲学授徒的人，他弟子众多，在社会上影响巨大，他好学不厌，诲人不倦，实行因材施教，重视启发的方法。他既重知识教育，更重道德教育，经常以"仁""智"并提，他以"仁"为最高的人生准则，但也肯定"智"的价值。这种仁、智并重的价值观，是以教育实践为基础的。

孔子也不忽视教育的经济基础。"子适卫，冉有仆。子曰：'庶矣哉！'冉有曰：'既庶矣，又何加焉？'曰：'富之。'

曰：'既富矣，又何加焉？'曰：'教之。'"（《论语·子路》）这"富"先"教"后的观点，表明孔子还是重视实际的。

孟子在政治上宣扬"王道"，批评"霸道"，实际上是以教化为先，反对军事侵略。《史记》云："孟轲……游事齐宣王，宣王不能用。适梁，梁惠王不果所言，则见以为迂远而阔于事情。当是之时……天下方务于合从连衡，以攻伐为贤，而孟轲乃述唐、虞、三代之德，是以所如者不合。"事实上，孟子主张以教育为立国之本，反对急功近利，这是具有远见卓识的。

孟子主张"以德服人"，反对"以力服人"，将"德"与"力"对立起来，未免是迂阔之谈。韩非宣称："上古竞于道德，中世逐于智谋，当今争于气力。"（《韩非子·五蠹》）立论正与孟子相反，也未免是一偏之见。关于"德"与"力"的关系，后来王充作了正确的结论，提出"德力具足"的全面观点（《论衡·非韩》）。可惜王充此论在历史上未能产生影响。

荀子曾在稷下学宫"三为祭酒"，更是以讲学为务的。晚年到楚国任兰陵令，仍以著述为事。《荀子》书以《劝学》为第一篇，表明荀子主要是教育家。荀子特别阐述了"道"与"势"的关系，他说："处胜人之势，行胜人之道，天下莫忿，汤、武是也。处胜人之势，不以胜人之道，厚于有天下之势，索为匹夫不可得也，桀、纣是也。然则得胜人之势者，其不如胜人之道远矣。"（《荀子·强国》）这是对于当时法家思想的深刻批判，可惜荀子的学生韩非、李斯都不肯接受荀子的这个观点。李斯辅助秦始皇统一了六国,但秦二世而亡,证明荀子关于道、势的观点是正确的。汉初贾谊著《过秦论》,评论秦亡的原因说:"仁义不施,攻守之势异也。"正是说明"道"重于"势"的原则。儒家疏于权谋,而强调道德教化的重要,还是有所见的。

汉代"为群儒首"的董仲舒,根本是一个教育家。传授六经的经师,更是一些教育家了。唐代韩愈"以师道自居",虽然他的主要贡献在于文学,但基本上是教育家。到宋代,理学家更都是以教育为业的,理学先驱胡瑗在教育史上有重要贡献。张载讲学关中,二程(程颢、程颐)讲学洛阳,当时关、洛学术之盛,倾动一时。南宋朱熹、吕祖谦、陆九渊等都广收弟子,讲学论道,他们的学说事实上是他们的教学经验的总结。宋代书院大兴,那是理学家讲学的处所,对于中国文化的发展起了推动的作用。明代情况大致同于宋代。王守仁担当军政重任,但从政之余不废讲学。明清之际,王夫之藏于深山之中,仍以讲学授徒为事。黄宗羲、顾炎武、李颙、吕留良,都号称讲学的大师,都是义不仕清,专以讲学著述为业。总之,理学家在不同程度上都是教育家。

儒家在教育史上做出了重要的贡献,但对于实际政治,往往经验不足,对于经济学更少研究。这是儒家的短处。宋代陈亮、叶适批评理学家的空疏,确实有一定的道理,但是陈亮、叶适对于政治学、经济学也没有做出切实的贡献。

先秦法家如商鞅、申不害、韩非之流,对于实际政治研究较多，可以说法家的哲学是政治家的哲学。但法家者流又忽视文化教育的价值，专门讲统治之术，把人民当作驯服工具看待，表现了严重的偏向。汉代扬雄批评法家说："申、韩之术，不仁之至矣！若何牛羊之用人也！"（《法言·问道》）儒家是强调应该把人当作人的。

儒家是教育家，教育家为人师表，必须能够"以身作则"，因而儒家在政治上强调"正己"而后"正人"，孔子说："政者正也。"（《论语·颜渊》）又说："其身正，不令而行；其身不正，虽令不从。"（《论语·子路》）又说："苟正其身矣，于从政乎何有？不能正其身，如正人何？"（《论语·子路》）孔子所提出的这些原则具有深刻的意义，直至今日，仍然是必须肯定的。

儒家是教育家，所以非常重视人格的培养。孔子弟子曾子说："士不可以不弘毅，任重而道远。仁以为己任，不亦重乎？死而后已，不亦远乎？"（《论语·泰伯》）弘毅即是坚持自己的独立人格。既要坚持自己的人格尊严，也要敬重别人的人格。

儒家既有所长，又有所短。儒家从教育的实践中总结出了一套哲学理论，在历史上还是有重要贡献的。

# 论墨子的救世精神与"摹物论言"之学

在战国时代,儒、墨并称"显学"。《韩非子·显学》说:"世之显学,儒墨也。儒之所至,孔丘也;墨之所至,墨翟也。"《吕氏春秋》多次以孔、墨并称,如云:"孔墨之后学,显荣于天下者众矣。"(《当染》)"孔墨布衣之士也,万乘之主,千乘之君,不能与之争士也。"(《不侵》)"孔丘、墨翟无地为君,无官为长,天下丈夫女子莫不延颈举踵而愿安利之。"(《顺说》)"孔墨之弟子徒属,充满天下。"(《有度》)古代谚语又有"孔席不暇暖,墨突不得黔"之说。这足见在战国时代墨子的思想学说曾经有巨大的影响,墨家学派在学术界有显赫的地位。

墨子提出十大纲领:兼爱非攻、尚贤尚同、天志明鬼、非乐非命、节用节葬。其中最重要的是兼爱非攻。非攻即反对侵略战争。墨子讲非攻,不讲非战,因为墨子只反对侵略战争,而不反对反侵略的防御战争。儒家也是反对战争的,但墨家的学风与儒家有所不同,墨子不但在理论上反对侵略战争,进行反侵略战争的宣传,而且要研究制止侵略战争的方略,于是墨子特别讲求守御之术。《墨子·公输》述墨子止楚攻宋的故事,"公输盘九设攻城之机变,子墨子九距之,公输盘之攻械尽,子墨子之守圉有余。"最后墨子对楚王说:"臣之弟子禽滑釐等三百人,已持臣守圉之器,在宋城上而待楚寇矣。"墨子以善守御著称,后世有"墨守"之词,表示坚固的防御。

墨子研究制造守御之器,因而对自然科学如物理学、几何学等有较深的探索。《墨子·耕柱》记载:墨子弟子"问于子墨子曰:为义孰为大务?子墨子曰:譬若筑墙然,能筑者筑,能实壤者实壤,能欣者欣,然后墙成也。为义犹是也,能谈辩者谈辩,能说书者说书,能从事者从事,然后义事成也。"这里所谓"从事",应包含守御之器的制造和自然科学的研究。同时墨子又注重谈辩,因而墨子后学对形式逻辑亦有较大的贡献。

《墨子·小取》云:"夫辩者,将以明是非之分,审治乱之纪。明同异之处,察名实之理,处利害,决嫌疑焉。摹略万物之然,论求群言之比。"(孙诒让以为"焉"字属下读,吾以为此处"焉"应属上读。)这里所谓辩不仅是辩论之义,而是指广泛的理论思维、学术探索。我认为这里"摹略万物之然,论求群言之比",正明确揭示了墨家学术的内容与特点。"摹略万物之然"即是探索研讨自然界的实际情况,"论求群言之比"即是研究思想言论的格式规律。前者即自然科学的研究,后者即形式逻辑的研究。近今哲学史家都认为《小取》是后期墨家的著作,但后期墨家与墨子有继承发展的关系。

墨子所谓"谈辩""从事"应包括自然研究与逻辑研究的内容。

"摹略万物之然",表现了墨家与儒家、道家不同的学风。儒家与道家是不大注重对于万物的研究的。孟子说:"知者无不知也,当务之为急;……尧舜之知而不遍物,急先务也。"(《孟子·尽心上》)荀子以为君子"其于天地万物也,不务说其所以然,而致善用其材"(《荀子·君道》),都认为自然研究并非人生急务。《庄子·天下》述老聃关尹之学云"以本为精,以物为粗",表现了轻视万物的态度。唯有墨家重视对于万物的客观研究,表现了科学探索的精神。后来惠施"遍为万物说",可能是受了墨子的影响。

墨子是一个卓越的思想家,具有一套自己的理论体系,而又善守御,能制造守御的兵器。在墨子身上,表现了思想理论与制造工艺的统一。儒、道两家都比较轻视工艺技术。孔子弟子子夏说:"百工居肆以成其事,君子学以致其道。"(《论语·子张》)将百工之事与君子之道对立起来。墨子之学表现了君子之道与百工之事的统一。墨子及其门徒可能出身于百工,而又提出了自己的君子之道。《庄子·养生主》讲述"庖丁"为文惠君解牛,文惠君赞叹说:"善哉!技盖至此乎!"庖丁对曰:"臣之所好者道也,进乎技矣!"将道与技区别开来。墨子之学可以说实现了道与技的统一,即思想理论与科学技术的统一。墨子将君子之道与百工之事统一起来,将道与技统一起来,这是难能可贵的,这也是墨子的科学精神的表现,具有卓越的价值。

墨家的自然科学研究从属于墨子的"为天下兴利除害"的最高宗旨。墨子表现了突出的积极救世精神。孟子论述墨子说:"墨子兼爱,摩顶放踵利天下为之。"(《孟子·告天下》)《庄子·天下》论述墨子之学云:"以绳墨自矫,而备世之急。……日夜不休,以自苦为极。"《淮南子》说:"墨子服役者百八十人,皆可使赴火蹈刃,死不旋踵。"(《泰族训》)墨子及其门徒表现了崇高的舍己为人的自我牺牲精神,也是值得赞扬的。

汉代实行独尊儒术、罢黜百家的政策,于是墨学趋于衰绝。到现在看来,墨学的中绝可以说是中国传统文化演变过程中的一次大偏差,使墨家的重视自然科学研究、重视形式逻辑研究的优良学风衰歇了。汉代以后,天文、算学等自然科学虽然也不断发展,但墨家的科学成就没有得到发扬,特别是墨家的形式逻辑理论更是湮没不彰,之后再与西方和印度相比可谓相形见绌了。如果墨学并未衰歇,中国的传统文化将呈现另一面貌。

墨学为什么会中绝?其原因何在?历来论者为说不一。撰写于战国后期的《庄子·天下》论述墨子学说,指出墨子之道过于刻苦,"其生也勤,其死也薄……使人忧,使人悲,其行难为也,恐其不可以为圣人之道。反天下之心,天下不堪,墨子虽独能任,奈天下何!"认为墨子之道难以普遍推行。这当是后来墨学衰绝的原因之一。但是在六国时期,墨家拥有众多的门徒,传授不绝,"以巨子为圣人,皆愿为之尸,冀得为其后世,至今不决"。何以到汉代而墨学衰歇?其原因当另有所在。后汉王充批评墨家说:"墨家之议，自违其术，其薄葬而又右鬼……术用乖错，首尾相违。"（《论衡·薄葬》）指出墨家学说的自相矛盾。但是各家学说都难免有自相矛盾之处，何以墨家独衰？我认为，关于墨学衰歇的原因，可以从孟子对于墨家的批评中得到启发。孟子说："杨氏为我，是无君也；墨氏兼爱，是无父也。无父之君，是禽兽也。"（《孟子·滕文公下》）孟子訾骂杨墨为无父无君的禽兽，实乃强词夺理。道家确实倾向于"无君"，表现了反对专制的批评意识。墨家主张兼爱，宣扬"视人之家若视其家，视人之身若视其身……君臣相爱则惠忠，父子相爱则慈孝，兄弟相爱则和调，天下之人皆相爱"（《墨子·兼爱中》），并无"无父"之说，但是"视人之家若视其家"，有打破家族本位的倾向，因此与封建社会的社会结构是不相协调的，这当是汉代以后墨学中绝的主要原因。时至今日，中国自古以来以家族为本位的社会结构已经改变了。墨学受到冷遇的原因应已消失了。

墨子主张兼爱，可以说是中国古代人道主义的典型学说之一。同时墨子又重视对于自然科学的研究。墨子学说表现了人道主义与科学精神的结合，这是难能可贵的，在今天看来，仍具有卓越的价值。我们现在要建设社会主义的中国新文化，其任务之一是清除旧社会遗留下来的陈腐污垢，而弘扬优秀的民族传统。对于先秦时代的三大哲人都应重视。孔子、老子、墨子各有其独到的卓越贡献。在研究孔子、老子的同时，更应研究墨子，大力发扬墨子的积极救世的人道主义和"摹物论言"的科学精神。

## 庄惠濠梁之辩

《庄子·秋水》篇记载庄周和惠施的一次辩论,内容是关于"鱼之乐"的问题。《秋水》云:"庄子与惠子游于濠梁之上。庄子曰:鯈鱼出游从容,是鱼之乐也。惠子曰:子非鱼,安知鱼之乐?庄子曰:子非我,安知我不知鱼之乐?惠子曰:我非子,固不知子矣;子固非鱼矣,子之不知鱼之乐,全矣。庄子曰:请循其本。子曰'汝安知鱼乐'云者,既已知吾知之而问我。我知之濠上也。"这是一个有名的故事。北京的北海公园还有一处"濠濮间",立有清乾隆帝弘历的诗碑,诗碑上还提到庄惠的争辩。我在20世纪30年代常到该处游玩。多年未到北海游逛了,想来濠濮间的诗碑应还存在。

我二三十岁时读《庄子》这一段,认为惠子"子非鱼,安知鱼之乐"是很有道理的,而庄子所谓"是鱼之乐也"不过是主观的臆断。近年以来,我参照中国思想史上的情况,我的观点改变了。我认为庄子肯定"鱼之乐"是正确的，乃是一个比较深刻的观念。

东晋大诗人陶渊明的《始作镇军参军经曲阿作》诗云："望云惭高鸟，临水愧游鱼。真想初在襟，谁谓形迹拘！"这是羡慕飞鸟游鱼的自由，当然是肯定游鱼是快乐的。如果不承认游鱼之乐，诗人何以自愧呢？

宋代理学家程明道《秋日偶成》诗云："闲来无事不从容，睡觉东窗日已红。万物静观皆自得，四时佳兴与人同。"这是认为万物都有"自得"之趣，不仅承认"鱼之乐"了。

可见，在中国思想史上，肯定"鱼之乐"，不止庄子一人。陶渊明的名句"望云惭高鸟，临水愧游鱼"显示了渴望自由的胸怀，曾引起几代人的共鸣。

庄子肯定"鱼之乐"，可以说是以类比为根据的直觉。人"出游从容"，有一种乐趣，所以，"鱼出游从容，是鱼之乐也"。如果鱼落入网中，或被钩上，挣扎蹦跳，那就是苦，而不是乐了。

《庄子》书中曾多次论述动物的心理。《人间世》假托蘧伯玉之言曰："汝不知夫养虎者乎？不敢以生物与之，为其杀之之怒也；不敢以全物与之，为其决之之怒也。时其饥饱，达其怒心。虎之与人异类，而媚养己者，顺也；故其杀者，逆也。夫爱马者，以筐盛矢，以蜄盛溺，适有蚊虻仆缘，而拊之不时，则缺衔、毁首、碎胸。意有所至，而爱有所亡，可不慎邪！"又《德充符》假托孔子之言云:"丘也尝使于楚矣,适见独子食于其死母者,少焉眴若,皆弃之而走。不见己焉尔,不得类焉尔。所爱其母者,非爱其形也,爱使其形者也。"这里包含着许多非常细致的观察。养虎者必知虎之喜怒,养马者必知马之喜怒。动物与人异类,然而动物的情感与人是相通的。庄子与劳动人民接触较多,可能与养虎者、养马者有交往,所以能以养虎、养马为喻。

人与其他生物共处一个世界中,保护生物的生态环境,也就是保护人类的生态环境。惠施"历物之意"的结语说"泛爱万物,天地一体也",也还是承认人与其他生物之间可以有爱之情感的。

# 宋明理学的心性观念的分析

心性问题是宋明理学的一个中心问题。程朱学派主张"性即理",陆王学派强调"心即理",这是程朱学派与陆王学派的主要争端之一。"性即理"是程伊川提出的,为朱晦庵所宣扬。事实上,陆象山、王阳明亦不反对"性即理",但是他们认为心性不二,所以"性即理"即蕴含"心即理",于是强调"心即理"。朱晦庵在继承二程学说的同时,也肯定了张横渠"心统性情"的命题,认为心非即性,只能讲"性即理",不能讲"心即理"。可以说,朱、陆心性学说的不同,主要在于他们对于心性关系的见解不同。程朱学派与陆王学派所谓心、所谓性,以及所谓理,其含义是不相同的。

二程论性,区别了"生之谓性之性"与"极本穷源之性",如云:"孟子言性,当随文看,不以告子'生之谓性'为不然者,此亦性也,彼命受生之后谓之性尔……若乃孟子之言善者,乃极本穷源之性。"(《程氏遗书》卷二"二先生语")又伊川云:"'性相近也',此言所禀之性,不是言性之本。孟子所言,便正言性之本。"(同上书卷十九)所谓"性即理也",指"性之本"而言,不是指"生之谓性"之性。"性之本"犹言最根本的性。伊川以为,人的本性的内容就是仁义礼智信,他说:"自性而行皆善也,圣人因其善也,则为仁义礼智信以名之。以其施之不同也,故为五者以别之。合而言之皆道,别而言之亦皆道也。"(同上书卷二十五)这就是"性即理也"的主要内涵。

二程论心性关系,所说颇笼统而不明晰,伊川云:"自理言之谓之天,自禀受言之谓之性,自存诸人言之谓之心。"(同上书卷二十二上)又云:"性之自然者谓之天,自性之有形者谓之心,自性之有动者谓之情,凡此数者皆一也。"(同上书卷二十五)伊川有时区别了心的体与用,他说:"心一也,有指体而言者(自注:寂然不动是也),有指用而言者(自注:感而遂通天下之故是也),惟观其所见如何耳。"(《文集·与吕大临论中书》)以寂然不动为心之体,显然是指性而言。

朱晦庵将伊川所谓心的"体用"之说与横渠提出的"心统性情"之说结合起来,以为心之体是性,心之用是情,于是断言心与性有一定的区别。

晦庵论心性云:"伊川'性即理也'、横渠'心统性情'二句,颠扑不破。"(《朱子语类》卷五)又说:"性是未动,情是已动,心包得已动未动。盖心之未动则为性,已动则为情,所谓'心统性情'也。"（同上）又说："心统摄性情，非笼统与性情为一物而不分别也。"（同上）这就是说，心、性、情三者有层次的分别。

　　晦庵更从理气的区别来论证性与心的区别，认为性只是理，而心是有待于气的，是理与气相互结合而后产生的。他说："心者，气之精爽。"（《朱子语类》卷五）又说："灵处只是心，不是性，性只是理。""理未知觉，气聚成形，理与气合，便能知觉。""所觉者，心之理也；能觉者，气之灵也。"（同上）在晦庵的体系中，理是第一性的，气是其次；心是"理与气合"而后有的。理、气、心，属于不同的层次。心虽非即理，但心中包含性，性的内容是理，所以可以说心中具有理。他说："性便是心之所有之理，心便是理之所会之地。""盖心之所以具是理者，以有性故也。"（同上）因此，晦庵所提出的"心"的明确界说是："心者，人之神明，所以具众理而应万事者也。"（《孟子集注》卷十三）

　　与朱晦庵不同，陆象山以为心与性只是一事。他说："且如情、性、心、才，都只是一般物事，言偶不同耳。"（《语录》下）于是提出"心即理"的命题："人皆有是心，心皆具是理，心即理也。"（《文集·与李宰·二》）按《程氏遗书》"二先生语五"亦有理心合一之说："理与心一，而人不能会之为一。"此当是明道所说。象山"心即理"当是本于明道。

　　王阳明发挥象山"心即理"的观点，更提"心外无理"。他说:"夫物理不外于吾心。外吾心而求物理,无物理矣;遗物理而求吾心,吾心又何物邪?心之体,性也,性即理也。故有孝亲之心,即有孝之理;无孝亲之心,即无孝之理矣。有忠君之心,即有忠之理;无忠君之心,即无忠之理矣。理岂外于吾心邪?"(《传习录·答顾东桥书》)又说:"夫万事万物之理不外于吾心,而必曰穷天下之理,是殆以吾心之良知为未足,而必外求于天下之广,以裨补增益之,是犹析心与理而为二也。"(同上)阳明批评朱子"析心与理而为二",他自己则合心与理为一。阳明以"性即理"作为"心即理"的论据,他的论证是:性是心之体,性即理,所以心即理。阳明反对"析心与理而为二",程朱学派亦反对"合心与理为一"。后来戴东原既反对陆王学派所谓"心即理",也反对程朱学派所谓"理具于心",而主张"必就事物剖析至微而后理得",与王阳明"心即理"是两个极端。

程朱学派所谓"性即理",陆王学派所谓"心即理",在今天看来,其理论意义何在?程朱、陆王等理学家所谓心、所谓性、所谓理,其确切意义如何?这是我们今天必须认真加以辨析的问题。

从朱晦庵的大量言论来看,他所谓"心"就是近代思想中所谓意识,他所谓"性"就是近代思想中所谓理性。程朱区分了"天命之性"与"气质之性",所谓天命之性亦称为义理之性,义理之性具有辨别是非善恶的作用,可以说就是理性。意识包含知、情、意等内容。朱学所谓心亦包含认识、情、意等内容。朱学认为，情是有善有恶、可善可恶的。心中包情，所以心是有善有恶的，因此不可能说心即理。但朱学仍然认为义理之性是心的一项主要内容，所以说心中具理。程朱所谓理包括天地万物之理与人伦道德之理，他们认为天地万物的最普遍的理与人伦道德的最高准则是一而二、二而一的。天地万物的最根本的理是"生"，人伦道德的最高准则是"仁"。"天地之大德曰生"（《周易·系辞》），天地万物的"生"是自然而然的，人在生活行动中有意识地贯彻生生之德就是"仁"。程朱学派承认自然规律的客观性，这是正确的。但是认为自然之理（客观规律）与人伦之理（道德准则）具有同一性，这就陷于臆断了。程朱学派认为人性中不但具有辨别是非善恶的能力，而且含有是非善恶的标准。所谓"性即理"就是说"仁义礼智"等道德准则就是人性的主要内容，就是人的理性的内容。

陆王学派所谓心，又称本心，又称良知，其意义与程朱学派所谓心不同，专指道德意识。他们认为这道德意识是先验的，是一种先验的道德意识。象山告学者："汝耳自聪，目自明，事父自能孝，事兄自能弟，本无少缺，不必他求，在乎自立而已。"（《语录》上）他认为人的道德意识如耳聪目明一样，是本来固有的。阳明说："尔那一点良知，是尔自家底准则。尔意念着处，他是便知是，非便知非。"（《传习录》下）陆王学派肯定人具有先验的道德意识，这是陆王"心即理"说的基本含义。这所谓心即是良知，不包括任何不善的内容。

心性问题是非常复杂的问题。何谓心？何谓意识？何谓人性？何谓理性？何谓理？人性的内容如何？理性的功能何在？道德的准则与宇宙的普遍规律有无联系？这些问题直至今日仍是争论的问题，众说纷纭，莫衷一是。程朱学派与陆王学派立说不同，但都肯定理性的作用，都可谓理性主义，是两种不同的理性主义。在过去两千多年的长期历史中，无论中国和西方，理性主义都处于正统的地位。到19世纪末20世纪初，西方涌现出非理性主义的思潮，理性主义受到猛烈的冲击。如何认识理性，如何看待理性，这是一个关系人类前途的重要课题。考察宋明理学中所谓心性观念的意义，对于了解中国近古时代理性主义的发展还是有益的。

## 辨"程门立雪"

多年以来,流传着"程门立雪"的故事,传为美谈。去年有一个刊物的封面上刊登了"程门立雪"的图画,画中程伊川坐在室中,弟子杨时、游酢站在门外,杨、游二人身上都落上了雪花。近来又看到"中华文化集粹丛书"的《哲人篇》,其中程颢一节有一副"程门立雪"的插图,画着程子和两个弟子都在室外,身上都落满了雪花。这里实际上存在着不符合事实的误解。

按"程门立雪"的故事见于《河南程氏外书》卷十二,原文是:"游、杨初见伊川,伊川瞑目而坐,二子侍立。既觉,顾谓曰:贤辈尚在此乎?日既晚,且休矣。及出门,门外之雪深一尺。"(《二程集》)记载明说"及出门,门外之雪深一尺",显然二子侍立是在室内,并非在门外。认为二子立于门外,实出误会。伊川瞑目而坐,是在作气功。

伊川教弟子,以严毅著称。《程氏外书》又载:"明道犹有谑语，若伊川则全无。……伊川直是谨严，坐间无问尊卑长幼，莫不肃然。"（《二程集》）又云："明道先生每与门人讲论，有不合者，则曰更有商量，伊川则直曰不然。"（同上书）不但对弟子如此，对于皇帝亦如此。《外书》载："元祐初，文潞公以太师平章军国重事，召程正叔为崇政殿说书。正叔以师道自居，侍上讲，色甚庄，以讽谏，上畏之。"（同上书）因此得罪于皇帝，不久即被免职了。程伊川对于自己也很严格，他平生不肯坐轿。《外书》载："先生自少时未尝乘轿。……诘其故，语之曰：某不忍乘，分明以人代畜。"（同上书）伊川是严肃主义的实践者。他一生不坐轿，这是难得的。

将"程门立雪"传为美谈，意在宣扬师道尊严，其实"立雪"二字并不恰当，好像是立在雪中，其实是立于下雪之时。让游、杨二人久久侍立，以至门外雪深一尺，恐亦非程伊川本意。看伊川说："贤辈尚在此乎？"是他并不知二子尚未离开。但是，弟子来见，伊川却静坐不顾，实亦非宜。程明道大概不会让弟子久立。《外书》云："朱公掞来见明道于汝，归，谓人曰：光庭在春风中坐了一个月。"（《二程集》）侍坐而非侍立，这是正常的。

中国古来有尊师的传统，二程之师周敦颐所著《通书》说："或问曰：曷为天下善？曰师。……先觉觉后觉，暗者求于明，而师道立矣。师道立则善人多，善人多则朝廷正，而天下治矣。"又说："人生而蒙，长无师友，则愚。是道义由师友有之。"尊敬师长是文化延续发展所必需的。

在"史无前例"的"文化大革命"期间，师道扫地以尽，学生对于老师可以殴打，可以叱责，其实是对于文明的大破坏！党中央拨乱反正之后，建立了正常的师生关系，文化教育才又走上了健康发展的道路。

历史是发展的，后代应胜过前代。孔子早就说过："后生可畏，焉知来者之不如今也？"荀子说："青，取之于蓝而青于蓝；冰，水为之而寒于水。"但是对于老师还是应该尊重的。荀子又说："言而不称师谓之畔（叛），教而不称师谓之倍（背）。"（《荀子·大略》）不应因为"青于蓝"而轻视蓝。老师应鼓励学生更前进，学生比老师前进了，有所发展，有所创新，但对于老师仍应敬重。这才是正确的师道。

## 弘扬王船山的精粹思想

王船山是中国17世纪的卓越的唯物主义哲学家。在西方，17世纪已是资本主义社会的发展时期，出现了许多著名的科学家和哲学家。在中国，17世纪还停留在封建制时代。但是，王船山的哲学思想却已达到了宏广博大、精深邃密的高度，在理论思维的水平上不亚于西方17世纪的思想家。

王船山的哲学思想具有深湛的内容与宏大的体系，惜乎散见于各种著作中，仍受经学传统的束缚，没有摆脱"经解"的形式，但其内容中提出了许多崭新的观点。船山自谓"六经责我开生面"，即透露了此中消息。船山之学确已超越了传统的经学。

船山哲学包含很多精粹思想。关于道器问题，船山提出了"天下惟器而已矣，道者器之道，器者不可谓之道之器也"（《周易外传》卷五）。关于理气问题，断言："气者，理之依也"（《思问录·内篇》），"气外更无虚托孤立之理也"

(《读四书大全说》卷十)。关于有无问题,提出"言无者激于言有者而破除之也,就言有者之所谓有而谓无其有也。……言龟无毛,言犬也,非言龟也;言兔无角,言麋也,非言兔也"(《思问录·内篇》),指出所谓无只是一个否定之词,并非客观的实体。关于能所问题(即主体与客体的关系问题),提出"因所以发能""能必副其所""所著于人伦物理之中,能取诸耳目心思之用"(《尚书引义》卷五)。这些见解都是光辉的唯物主义论断,具有极高的理论价值。

船山的辩证思想也极其丰富,他提出"动"是绝对性的,而"静"是相对性的,"太极动而生阳,动之动也;静而生阴,动之静也。废然无动而静,阴恶从生哉?"(《思问录·内篇》)指出静只是动的过程中的一种状态,只是动中之静。关于对立统一,他指出对立两方面的统一乃指两者的统一关系,并非有一个第三者把两者结合起来,"两端者,虚实也,动静也,聚散也,清浊也,其究一也。实不窒虚,知虚之皆实。静者静动,非不动也。聚于此者散于彼,散于此者聚于彼。浊入清而体清,清入浊而妙浊,而后知其一也,非合两而以一为之纽也"(《思问录·内篇》)。这是对于对立统一规律的深刻理解。关于变化日新还有许多精辟的论述,船山的辩证思想是深湛的。

在人生哲学理论方面,船山更提出一些崭新的观点,他反对佛老崇尚虚静以及宋儒贵心贱形的偏谬之论,强调生命的价值、形体的重要以及物质生活的不容忽视。他提出"珍生"与"依有生常"的重要观点。他说:"圣人者人之徒,人者生之徒。既已有是人矣,则不得不珍其生。"(《周易外传》卷二)又说:"夫可依者有也,至常者生也,皆无妄而不可谓之妄也。"(同上)这就是认为,人的生命是可珍贵的,而生命具有其必然规律,物质世界是生命所依靠的基础。"可依者有",意谓只有物质存在才是可以依靠的。"至常者生",意谓生命是具有必然规律的。佛教把"有"(物质世界)与"生"(生命)都看成幻妄,是完全错误的。船山强调人必须依靠物质世界才能生存,"物物相依,所依者之足依,无毫发疑似之或欺。""其常而可依者,皆其生而有;其生而有者,非妄而必真。"(同上)船山着重肯定了生命的价值及其物质基础。

船山肯定了生命的可贵及其与物质世界的必然联系,同时更高度赞扬精神生活的卓越价值,他说:"将贵其生,生非不可贵也。将舍其生,生非不可舍也。……生以载义,生可贵。义以立生,生可舍。"(《尚书引义》卷五)"生以载义",即是生命成为道德理想的载体,实现生命与道德的统一,这样的生是可贵的。如果"生"与"义"二者不可得兼,宁可舍生而取义。

船山特别强调发扬"人之所以异于禽兽者",他说:"二气五行,抟合灵妙,使我为人而异于彼,抑不绝吾有生之情而或同于彼。乃迷其所同而失其所以异,负天地之至仁,以自负其生,此君子所以忧勤惕厉,而不容已也!"(《俟解》)船山极力主张做人要做一个不同于禽兽的真正的人。这是对于道德理想的肯定，这是对于文化价值的宣扬。船山重视保持精神文明的优秀传统。他尝说："天下不可一日废者，道也；天下废之，而存之者在我。故君子一日不可废者，学也。……一日行之习之，而天地之心，昭垂于一日；一人闻之信之，而人禽之辨，立达于一人。……君子自竭其才以尽人道之极致者，唯此为务焉。"（《读通鉴论》卷九）这是船山自己志节的表述。船山当明清之际民族矛盾激化的时期，遁迹深山，不与当权派合作，不与投降派同流，在艰难困苦的条件下，努力阐扬真理，从事学术著述，表现了艰苦卓绝的崇高人格，这是值得高度赞扬的。

船山的贡献是多方面的，今天，我们应学习船山的崇高精神，学习他的博大精深的思想学说，学习他坚持真理的刚毅品德。

## 第三篇 道德与理想

『民族思想,中国自古有之。保持或争取国家民族之独立,实为人生之第一要义。道德之至要在于当民族能独立之时维护其独立,当民族独立受威胁之时争取其独立。杀身成仁、舍生取义,在平日实无其因缘,有之唯当民族受凌侮而争取其独立之时。可为之杀身、可为之舍生者,吾民族之独立为首要。凡非独立国家之人民即无独立之人格,是故争取国家之独立,亦即争取自己之独立人格。』

## 生活理想之四原则

中国现在需要新的人生理想。新的理想能给人以新的力量。无理想的人,必不会感到生活之意义。无理想的人,必没有与环境搏斗之勇气。唯理想能鼓舞人的精神,能坚定人的意志,能使人面对逆境而无所惧。中国以前是有过伟大的人生理想的,但时代迁易,过去的理想已是过去了;而西洋的理想,又有其西洋的背景,随便移到中国来,是不会与实际生活合节的。工具可取之于人,理想也追随他人,那便太可怜了。我们不谈理想则已,谈理想便当着重于创造(当然,虽言创造,也必于过去有所承,于西洋有所取)。我们需要由实际生活深处发出的新的人生理想。这篇所说的生活理想之四原则,大体是想提出一个新的生活理想之纲领。但所说不过是粗枝大叶而已,生活理想之四原则,原不限于四个。至于这四原则究竟适当与否,那只有由时代来评判。

哪四个原则呢?就是:一、理生合一;二、与群为一;三、义命合一，或现实理想之统一；四、动的天人合一，或天人协调。

## 理生合一

先说理生合一。在人生哲学中，最大的问题，可以说即是生与理的问题。所谓生，即是生命、生活；所谓理，即是当然的准则，或道德的规律（理字意谓甚多，最少有二意谓，即一指宇宙之秩序或自然之规律，一指人事之规范或当然之准则。兹所谓理，专指当然之准则）。人生哲学，可以分为两大派，一派注重生，一派注重理。在西洋，注重理的是理想主义，注重生的是自然主义。在中国，注重理的是大部分的儒家，注重生的是墨家及清代的颜习斋、戴东原。重生的一派以为人生之最高原理就是生，生是一切道德原则之基本，人生的理想只是生之扩大、生之充实。重理的一派，认为生不是根本重要的，人生之最高准则是理，理是超乎生的，在生之上，生应受理的裁制，必要时可以为理而牺牲生命或生活。董仲舒所谓"正其义不谋其利，明其道不计其功"，及小程子（程颐）所谓"饿死事小，失节事大"，便充分地表现出重理派的态度：凡做事只问于理应该不应该，不管生活的实际。

其实生与理两者，是应该并重的，不但是应该并重，而且两者是离不开的。理只是生之理，离开了生，就无所谓理；生也必须受理的裁制，好的生活即是合理的生活。理离开生，便是空洞的；生离开理，必至于鲁莽灭裂。

我们先问理究竟是什么，道德规律究竟是如何一回事。所谓理，所谓道德规律，其实只是求生之充实、生之圆满，而不得不遵循的规律。我们所以要遵循这种规律，就是因为遵循这种规律，才能得到生活的圆满，生活的充实。假若一个道德规律，我们实行它，结果并不能使我们的生活更充实些，更圆满些，那么，这个道德规律就不是真的道德规律。实践理，就必须注重生活的实际；实际上设法使人群的生活更美满些，便是实践理。如不顾生活的实际，只讲空洞的应该不应该，结果所谓应该未必是真实的应该，必至于实际上正与真实的理想违反。

其次，生也离不开理，生必须受理的裁制。只讲生，不讲理，结果必至于毁坏了生。因为生是包含矛盾的，生与生相冲突：不惟生物与生物相冲突，人与人也相冲突。这便是"生之矛盾"。欲求生活之圆满，是必须克服生之矛盾的。要克服生之矛盾，便必须以理来裁制生。如不克服生之矛盾，任生与生相冲突下去，结果必至于达到生之破灭。所以，求生之圆满，就必须有生之制裁；求生之提高，就必须使生受理的支配。生之扩大与生之裁制，可以说是相反，但正是相成的。理正是所以完成生。

生含有矛盾，克服生之矛盾，乃得到"生之谐和"。所谓理，即是生之谐和。所谓理，所谓当然准则之基本内容，即是：

遂我之生，亦遂人之生；善我之生，亦善人之生。亦即，不独遂其生，不独善我生，更遂群之生，善群之生，而在遂群之生中遂己之生，在善群之生中善己之生。理在一意谓上，可以说是超乎生的；在另一意谓上，则仍不出生之范围。实践理，必忘一己之私，必不虑一己之生，在此意谓上，理是超乎生的。但虽不虑一己之生，而仍必虑群之生，虽忘己，而必念念在群，在此意谓上，理又不是超乎生的。理可以说是超乎特殊的生，而未超乎一般的生。理是生之谐和，在一意谓上，谐和的生，即已超乎原来含有矛盾之生。

人能为理而牺牲，而且人必须为理而牺牲，孔子说："志士仁人，无求生以害仁，有杀身以成仁。"孟子说："生亦我所欲也，义亦我所欲也，二者不可得兼，舍生而取义者也。"这是古代儒家之最伟大的精神，也是现在中国所需要的精神。人当为理而牺牲，这是不是证明理是生之上，理是鹄的而生是手段呢？其实不然，杀身成仁，舍生取义，实际乃为群之生而牺牲一己之生，是以死求群之生活之改善；虽捐舍一己之生，究之仍是为了群之生。在个人而言，当其杀身舍生之时，其个人生命亦即得到最卓越的提高，而获得不朽的永生。由此，为理牺牲，可以说是为群之生而牺牲一己之生，也可以说，为得到不朽的永生而舍掉现实的平凡的生。

现在当对董子所说"正其义不谋其利，明其道不计其功"略加批评。如其所谓"利"指个人之利，所谓"功"指个人之功，此语可以说是正确的。我们实在不应谋个人之利，计个人之功。但如其所谓"利"指人群之大利，所谓"功"指社会、国家之功，那这句话便是谬误的了。实际上，求群之利即是义，计群之功即是道。就群而言，正其义必谋其利，不知谋其利则此义必终于非真义；明其道必计其功，不知计其功则此道必终于非正道。这是义利之合一。义利合一是生理合一之特例。

要之，生与理是不可相离的。只注重理不注重生，结果必至于违反了理；只注重生不注重理，结果必至于毁坏了生。我们一方面要培养生命力，发展生命力，充实生活，扩大生活；一方面要实践理义，以理裁制生活，使生活遵循理。而这两方面只是一件事，不过为方便而分开来说而已。生的圆满，即是理的实现；理的实现，就是生的圆满。生活之最高境界，是与理为一；与理为一的生活，也便是达到了生之谐和的生活。

## 与群为一

生理合一之实际，便是与群为一。在个人，如想实践与理为一的生活，便须实践与群为一。以前的哲学家，多喜讲"与天为一"，即与天地万物为一体，认为与天为一是人生最高境界。在这种境界中，一方面是无我，一方面又是将我扩大至于极度，与全宇宙合为一体。这种生活理想境界，自是一种很高的境界，而且可以说是一种解除苦恼获得至乐的法门。不过这种境界，只是于有此种修养的人有好处。虽然是与万物为一体，但万物并不因此而受益，而且对于人群，对于社会，亦无补助。修养到这种境界的人，固然得到一种至高无上的快乐，但别人并不因此而也感觉到快乐。实际说来，这种与天为一的思想，实在跳过了一步，从个人一直跳到全宇宙，中间却越过了人群。一般人只有一个小我，这班神秘的哲学家则讲与全宇宙合一的大我。实际在生活上应与之合一的不是天，不是万物，乃是人群，乃是社会、国家。我们不应讲与天为一，而当实践与群为一。

与群为一，便是与社会、国家为一体，即觉得群己合为一体，社会、国家与个人融合无间，群即是我，我即是群。群的利益即是我的利益，群的生命即是我的生命，把整个的精神心思都注入于群，为群而工作，为群而努力。这样，一方面也是无我，不自觉有与群对立的小我；一方面也是扩大自我，以群为我。在此种生活境界，可得到最大的快乐，也可以消弭一切烦恼。因为平常一个人的烦恼，都是由于私人欲望受阻碍，假若根本没有私人欲望，完全是廓然大公，便也可得到一种超然的解脱，而且人群也必受其利益，群的事业，必因个人与群为一而促进。

我们应该与群为一，也因为原来个人与群本属一体。个人与群有息息相通的密切关系。个人不能离群而存在，这是人人都知的，而且个人也不能离开群而独自求好的生活。以前的人生哲学家多数都注重个人生活如何改善，其实个人生活不能单独获得圆满，只有在好的社会中，才能有好的个人生活。可以说，理想生活的问题，只是理想社会的问题；改善生活的问题，即是变革社会的问题。宋儒讲"穷理、尽性、至善是一事"，我们现在可以说："克服自然，变革社会，改善人生，是一事。"所以，在实际上，群己是一体的，而个人生活之最高境界，是与群为一。

必须能与群为一，然后一个人的人格，才可以说达到了圆满。在谋社会大众之整个的好生活之努力中，个人即获得了人格之最大扩展。个人为社会国家的生存，必要时应肯牺牲个人的生存。在为社会国家而捐生舍身之时，个人的生命即获得无上的提高，而得到不朽的永生。尤其在群的生存受威胁的时候，我们更应与群为一，群存与存，群亡与亡！

群有层级之不同，大群之中有小群，小群之上有大群。大群之中，小群与小群之间，常有矛盾。我们讲与群为一，对于这种"群之矛盾"的事实，应持如何的态度呢？我们可以说：根本的原则还是与群为一。个人应与群为一，小群更应与群为一。我们应为大群而忘小群，不应为小群而忘大群。如小群的利益，与大群的利益一致，我们也未始不可谋此小群的利益；而如小群之利益违反大群之利益，便当为大群而舍小群。而且，相矛盾之二群，其利益互相冲突，然而必有一群之利益是与大群一致的，另一群之利益则违反大群之利益，我们便应与其利益与大群一致之小群为一。

例如国之内有省、乡，设若省、乡之利益与全国之利益一致,则亦未尝不可谋此省、乡之利益;而如省、乡之利益,足以妨害全国之利益,则应为国而遗忘此等小群了。又如阶级之间更有矛盾,然必有一阶级之利益与全社会一致,另一阶级之利益违反全社会的利益,我们便应为其利益与全社会一致阶级谋利益。

国与国之间矛盾尤甚。而相冲突之国家,亦必有一国之利益与全人类一致,另一国之利益则违反全人类之利益。如弱国之目的只在平等的共存,其利益是合于全人类的;帝国主义之目的在剥削他民族以自肥,其利益是反于全人类的,所以我们应谋弱小民族的利益。在此意义上,我们应当救中国,不只是为了中国是我们的祖国,而是,为全人类,为理,为义,应当救中国。救中国,乃是绝对的应当。现在中国人之最大职任,即在拼其身命以维护中国之生存。我们应该与中国为一。

在中国哲学中,和与群为一最相近的思想,是墨子的兼爱。墨子的兼爱学说,很有与群为一的倾向。由兼爱学说而发展,是可以达到与群为一的思想的。可惜自秦以后,墨学中绝,所以不曾有此发展。兼爱是讲遍爱人人,不分阶级、不分远近地爱一切的人。与群为一与兼爱之不同,在兼爱主遍爱人人,而与群为一则主爱全群;兼爱是遍爱群中之一切分子,与群为一则是爱所有分子合成之整个群体。在实际上,遍爱人人,实是不可能的,因为大部分的人根本无接触之机会,无从爱之助之,即说心中真实爱之,亦是空的。实际上,遍爱人人之方法,只有谋全群之利益。能为社会、国家谋利益,便是实际上遍爱一切人。想遍爱一切人，想对于所有的人无所不爱，实只有爱全群之整体。兼爱不是可以完全做到的，与群为一则是很可能的。

在这危急存亡的时期，我愿意将与群为一的新生活理想，贡献于国人之前。


## 义命合一

义命合一是借用宋代哲学家张横渠的成语，但意思不尽同于横渠。义就是应当，命即是自然的限制；义是理想的当然，命是现实的必然。这两者是对立的，然而有其统一。

义是人事方面的，命是环境方面的。人与环境，有一根本的矛盾统一，即人受环境所制约，而人亦能改造环境；人的行动为环境所决定，而人亦能影响环境。人的生活须一方面适应环境，不适应环境则不能生活；一方面又要克服环境，不克服环境则生活不能提高。以此，理想要适应现实，又必须克服现实；义须顺应命，又要改变命。

理想是改造现实的规准，但是理想也须在现实中有其根据。理想当是根据现实发展之客观趋势而决定的。假如理想完全不顾现实，那就一定无实现之可能，便是空想。理想是主观的倾向，而也当合于客观的倾向。我们要审察现实中所含之内在矛盾，所含的克服自己的因素，顺其自然发展的趋势而变革之。人的努力，实即在于认识出客观情境之内在矛盾，而促进其发展，以引出现实之必然趋向。必如是，理想才能变成新的现实。

然而理想不只要适应现实而已，如止于适应现实，那就根本不成其为理想。理想实在是以变革现实为主。而且理想所以要适应现实，其目的即在于取得改造现实之能力。我们要认识现实，我们更要敢以理想来与现实战斗。能认识现实是智，敢以理想与现实战斗是勇。理想是有伟大的作用的，它能使人做出无理想的人所不能做的事。

如想得到圆满的生活，必须一方面要认识自然的限制，一方面力践所认为应当的。义须顺应命：完全不可能的事情，便根本不必去想。但命也不是绝对不可以改变的，自然的限制也可以打破。世界没有一成不易的事物，命也常只是相对的。人不当因现实之一时的限制，就放弃当然的努力。不要因命忘义，而当以义易命；务使命之所归，即是义之所宜。这就是义命合一。

## 动的天人合一

所谓动的天人合一，是对静的天人合一而言。所谓静的天人合一，指与天为一的神秘境界。天人合一意义甚多，董仲舒所讲"人副天数"也是一种意义的天人合一，这种意义的天人合一，现在不谈。对于与天合一的思想，上文已略加批评，我们认为这种理想太玄远,而且其好处只限于个人;与其讲与天为一,不如讲与群为一。但天人合一,在另一意义上,是可讲的,是一种伟大卓越的理想,这也便是我所谓动的天人合一。

静的天人合一是在内心的修养上达到与天为一的境界;动的天人合一则是以行动实践来改造天然,使天成为适合于人的,而同时人亦适应天然,不失掉天然的乐趣。静的天人合一是个人的,是由精神的修养而达到一种神秘的宁静的谐和;动的天人合一则是社会的,是由物质的改造而达到一种实际的活动的协调。

人本来是"天"的一部分,人本在"天"之中,但人与天之间有矛盾,人与天之间有冲突。克服天与人的矛盾,便得到真实的天人合一。所谓克服天与人之矛盾,即在行动上,以物质的力量改造物质的天,使合于人的理想,以至于天人相合无间,由戡天而得到天人之谐和。

戡天是人类文化之基本,不能戡天,不能有文化,但在戡天之外,也还需要乐天;在宰制自然之外,也还需要享受自然。我们要改造自然,但不要毁伤自然,不要破坏自然原有之美,使人生仍保持自然的乐趣。宰制自然之目的,本在于享受自然。正当的戡天,本不是毁坏自然,而是改善自然,使自然更合于美善的理想。

戡天与乐天,在表面上看来,绝然相反,不可融合,实际上兼综二者并不难。此所谓乐天,非安于环境之义,乃享受自然之义。戡天本无妨于乐天,如筑桥修路,可不毁天然美景。不特如此，而且有时戡天正是所以乐天，必戡天然后能乐天，不能戡天则必因艰难而苦天，以至于怨天。必开辟新天地然后有新天地可乐，如风景地域必须整顿，然后便于优游；有飞机可乘，然后有游天之乐；有美的建筑，然后有舒畅的生活。凡此皆必戡天而后能乐天之例。有时戡天足以损自然乐趣，究之亦非精至的戡天。

动的天人合一之理想，在中国古代亦已有之。《易传·文言》说："先天而天弗违，后天而奉天时。"即是讲宰制自然同时亦随顺自然。先天即为天之前导，后天即从天而动。人须一方面开导自然，一方面遵循自然；天不违人，人亦不违天，乃得天人之协调。

人生之价值即在能加入自然创造历程中，而作自觉的创造。而人改造自然，亦即是自然之自己改造；人戡天，亦即天之自己改善，人原不在天之外。

动的天人合一，即是以实践行动，克服天与人之矛盾冲突，使天人相互适合，这是戡天与乐天之统一。

最后，当将所谓"合一"之意谓略加厘析。合一与同一不同，同一是二物相等，即二物只是一物。合一亦云统一，是二物相倚不离而成一整体，但虽成一整体，而仍有分别，仍不失其为二物。合一与对立亦相倚不离者，凡合一之二物皆有其对立，无对立则亦无所谓合一。在人生理论中，所谓合一，又有二项不同意谓：一、本来的合一，即二事本有相倚不离之关系；二、应当的合一，即二事相互对立，矛盾冲突，而应当使归于合一。

一般的情形，总是甲乙二者，本来是合一的，但又有对立，互相斗争，互相冲突，乃应当消弭其对立，解决其矛盾，使复归于合一；而所复归之合一，即已不是原来的合一，而是经过战斗的合一。

以上所讲生理合一，群己一体，义命合一，动的天人合一，皆是二者本来合一，而又有对立，相互矛盾冲突。理想乃在于经过冲突之后又相互融合的新合一。

本篇所讲生活理想之四原则，也可以说是唯物对理法（Mate-rialistic dialectical method）在人生哲学上之应用，欲清楚地了解合一之意谓，必须懂唯物对理法。

# 关于价值与理想（点滴）

重订毁誉、荣辱、是非、褒贬之标准——班氏谓太史公"退处士而进奸雄，崇势利而羞贫贱"，不必合于事实，但何退何进，何崇何羞，确是一个重要问题。近世之人，对善于巧取豪夺者则称为有能而羡赞之，对为国忘家、追求真理者则斥为愚拙而讥笑之，风俗如此，国何以堪？

价值有层次，真美善都有程度之不同，亦可谓有深浅之不同，必须经过浅的始能达到深的。

例如欣赏音乐须有训练，所谓曲高和寡，和寡不必曲劣。此亦可证明价值是客观的。

群与己——目的与手段：每一个人为一目的，各个人之全体亦为目的。不能将别人看作手段，更不能将各个人之全体看作手段。至于人人集体之组织方式即制度则并非目的而为手段。

一人有一目的，十人有十目的。众多目的不同，则有是非可言。

唯一的判断是非之标准，在于众多目的之间之关系，如十个目的中，九个目的是调谐的，一个目的与之相互冲突，则唯有认为九个目的为是，彼一目的为非。不可能有其他准则。此之谓从众，此之谓通天下之志。

民族思想，中国自古有之。至于明清之际，吕用晦谓华夷之辨大于君臣之伦，其言至精卓。保持或争取国家民族之独立，实为人生之第一要义。道德之至要在于当民族能独立之时维护其独立，当民族独立受威胁之时争取其独立。杀身成仁、舍生取义，在平日实无其因缘，有之唯当民族受凌侮而争取其独立之时。可为之杀身、可为之舍生者，吾民族之独立为首要。凡非独立国家之人民即无独立之人格，是故争取国家之独立，亦即争取自己之独立人格。

有功于当时人民者，可成为当时政治上的成功者，曹操、刘裕之胜在此，王莽之失败在此。

有功于文化者为学术正统，孔孟之胜在此，墨家之失败在此。

群体生活三类型：

散漫的——各分子各顾自己，一盘散沙。

统制的——极端的服从，各人无独立意识，行动之机械化，法西斯主义。

协调的——一齐努力而无须统制，自由的协力。

中国传统文化弊病：

尊古保守；

轻视事物；

菲薄知识；

不重变革。

德意志民族精神之哲学基础应注意：

康德——严肃主义；

费希特——大我；

黑格尔——死以求生。

衰落民族的思想态度——萎靡不振，得过且过。

新兴民族的思想态度——积极振作，觉得非努力不可，非拼命不可。

历史较久的民族，只要能奋发图强，便是新兴民族，便能衰而复振。

# 对于善恶的认识

关于人如何辨别善恶，可有三说：

一、人有利害，由利害而有善恶。有利之行为即善，有害之行为即恶。

二、人生来即有辨别善恶是非之良知，与利害无关。

三、人有好恶，好生而恶死，好乐而恶苦。然于此种一般的好恶之外，尚有一种好恶：好吾之生而亦好他人之生，恶吾之死而亦恶他人之死，乐吾之乐而亦乐人之乐，苦吾之苦而亦苦人之苦，不仅自好其生自乐其乐而已。此种超越个人利害的好恶，即是道德行为之依据。

第一说不识人之深厚崇高的情操；第二说失之神秘，可谓闭约而无解；第三说可谓功利主义与理性主义之综合。

一般的好恶可谓之有我的好恶；好吾之生亦好人之生，可谓之超我的好恶。超我的好恶即是理性之实在内容。

道德即是好人我之共生、乐人我之同乐，以至于为他人之生与乐而忘自己之生与乐。善绝非与利害无关。如无生死苦乐，则亦无所谓善。善恶可以超越个人的利害，然而不可能超越大众的利害。

## 德、道德

"德",指善良的品行、高尚的品格。《说文》:"惪(德古字),外得于人,内得于己也。"即适当处理人己关系之义。

德字的起源及其原始意义,今日已难考定。近年一些古文字学家就甲骨文进行探索,做出一些猜测,亦难取得科学的定论。据《诗经》《尚书》的记述,在西周初年,所谓"德"已指现代汉语中所谓道德。《诗经·大雅·烝民》云:"天生烝民,有物有则。民之秉彝,好是懿德。"《尚书·康诰》:"惟乃丕显考文王,克明德慎罚。"(《左传》成公二年楚巫臣引此语云:"《周书》曰:'明德慎罚,文王所以造周也。'明德,务崇之之谓也。慎罚,务去之之谓也。")《尚书·召诰》:"王其疾敬德。"这些德字都是指德行、品德之义。

据《左传》所载,春秋时所谓德亦是德行、品德之义。隐公四年:"众仲……曰:臣闻以德和民。"庄公八年:"公曰:……

姑务修德，以待时乎！"闵公二年："舟之侨曰：无德而禄，殃也。"僖公四年："屈完……曰：君若以德绥诸侯，谁敢不服？"僖公五年："宫之奇……曰：臣闻之，鬼神非人实亲，惟德是依。故《周书》曰：皇天无亲，惟德是辅。"僖公二十四年："富辰谏曰：太上以德抚民。"文公七年："郤缺……曰：……正德、利用、厚生，谓之三事。"襄公二十四年："子产……曰：……德，国家之基也。"这些德字都指德行、品德而言。

在春秋时期，德字与道字是分开来讲的。孔子说："志于道，据于德，依于仁，游于艺。"（《论语·述而》）道与德是两个层次的。道是原则，德是遵循原则而实践。《中庸》云："苟不至德，至道不凝焉。"至德之人才得体现至道。

《论语》《孟子》俱无"道德"二字连举之例。"道德"二字连举始见于《易传》及《荀子》。《周易·系辞传》亦是道、德分言，唯《说卦传》云："观变于阴阳而立卦，发挥于刚柔而生爻，和顺于道德而理于义，穷理尽性以至于命。"这里"阴阳""刚柔"虽相连并举，实为二词，"道德"也可能是二词并举。《荀子》云："故学至乎礼而止矣，夫是之谓道德之极。"（《劝学》）又云："言道德之求，不二后王。"（《儒效》）又云："威有三：有道德之威者，有暴察之威者，有狂妄之威者。"（《强国》）所谓道德，可能本指道与德，连举成为一词。汉代以后，道德成为常用的名词了。

道家赋予"德"以另一含义。《老子》书中，许多章节中所谓德亦取一般意义，即德行、品德之义。如二十一章："孔德之容，惟道是从。"三十八章："上德不德，是以有德；下德不失德，是以无德。"四十一章："上德若谷。"六十三章："报怨以德。"七十九章："有德司契，无德司彻。"这些"德"字与儒家所谓德意义相似。但是五十一章云："道生之，德畜之，物形之，势成之。是以万物莫不尊道而贵德。道之尊，德之贵，夫莫之命而常自然。"此德字不是指人的德行，而是指万物成长的内在基础。《庄子·天地》云："故形非道不生，生非德不明。"又云："物得以生谓之德。"正是《老子》"德畜之"之德的诠释。《管子·心术上》云："虚无无形谓之道，化育万物谓之德。"又云："德者道之舍，物得以生。……故德者，得也。得也者，其谓所得以然也。"所谓"物得以生""所得以然"，都是指物所以生存的内在根据。这种内在根据，儒家谓之性，道家谓之德。可以这样理解：道指天地万物共同具有的普遍性，德指每一物所具有的与众不同的特殊性。

《庄子·内篇》中所谓德仍是德行、品德之义。《人间世》云："若成若不成而后无患者，唯有德者能之。"又云："知其不可奈何而安之若命，德之至也。"《德充符》云："故德有所长，而形有所忘。"所谓德都是高尚的品格。《庄子·缮性》云："夫德，和也。道，理也。德无不容，仁也。道无不理，义也。"这兼采了儒家仁义之说。这里"德，和也"的命题确实揭示了德的主要含义。

《庄子·内篇》没有"道德"二字连用并举之例,《庄子·外篇》则多次将"道德"二字连为一词。《骈拇》篇云:"多方乎仁义而用之者,列于五藏哉?而非道德之正也。"《马蹄》云:"道德不废,安取仁义?"又云:"毁道德以为仁义,圣人之过也。"《天道》云:"夫虚静恬淡、寂寞无为者,天地之平而道德之至。"《山木》云:"若夫乘道德而浮游则不然。"此所谓道德是对仁义而言,显然不是儒家所谓道德。此所谓道德可能是指《老子》:"道生之,德畜之"的道与德。《骈拇》以性与德并举:"且夫待钩绳规矩而正者,是削其性者也;待绳约胶漆而固者,是侵其德者也。"《马蹄》云:"同乎无知,其德不离;同乎无欲,是谓素朴。素朴而民性得矣。"其所谓德似指素朴的本性。《山木》又云:"浮游乎万物之祖,物物而不物于物,则胡可得而累邪?"所谓"乘道德而浮游",即"浮游乎万物之祖",所谓道德指万物的本原而言。

"道德"连结道与德为一词,从儒、道两家的典籍来看,实始于战国后期。

《管子》云"德者得也",以得释德,此意儒书亦有之。《礼记·乐记》云:"礼乐皆得,谓之有德。德者,得也。"又《乡饮酒义》云:"德也者,得于身也。"《广雅·释诂三》:"德,得也。"亦皆以得释德。朱熹《论语集注》云:"德者,得也,得其道于心而不失之谓也。"(《述而》)所谓"得"就是有得于道,即是实际生活中体现一定的原则。

## 兼、兼爱

墨子提出兼爱学说。兼爱，详言之曰"兼相爱，交相利"；简言之，则称为"兼"。

"兼相爱、交相利"之法就是"视人之国若视其国，视人之家若视其家，视人之身若视其身"（《墨子·兼爱中》）。

墨子主张"兼以易别"。《墨子·兼爱下》云："分名乎天下恶人而贼人者，兼与？别与？即必曰别也。然即之交别者，果生天下之大害者与？是故别非也。……是故子墨子曰：'兼以易别。'……分名乎天下爱人而利人者，别与？兼与？即必曰兼也。然即之交兼者，果生天下之大利者与？是故子墨子曰：'兼是也。'"

墨家宣扬"以兼为正"，认为行"兼"就可具备惠、忠、慈、孝、友、悌诸德。"故君子莫若审兼而务行之，为人君必惠，为人臣必忠，为人父必慈，为人子必孝，为人兄必友，为人

弟必悌。故君子莫若欲为惠君、忠臣、慈父、孝子、友兄、悌弟，当若兼之不可不行也。"（《兼爱下》）

兼的原则是爱人如己。实行普遍的爱，与儒家所讲推己及人、由近推远不同。但是墨家兼爱也没有消除等级差别。墨家的理想是："天下之人皆相爱，强不执弱，众不劫寡，富不侮贫，贵不敖贱，诈不欺愚。"（《兼爱中》）这仍然存在着贫富贵贱的区别。因此，墨家所宣扬的人类之爱仍然不是真正的平等之爱。

荀子反对墨子的兼爱，而提出"兼权""兼术"之说。他说："欲恶取舍之权，见其可欲也，则必前后虑其可恶也者；见其可利也，则必前后虑其可害也者。而兼权之，孰计之，然后定其欲恶取舍，如是则常不失陷矣。"（《荀子·不苟》）又说："故君子贤而能容罢，知而能容愚，博而能容浅，粹而能容杂。夫是之谓兼术。"（同书《非相》）兼权即全面衡量各方面的可能，兼术即宽容之术。荀子论学云："全之尽之，然后学者也。……君子贵其全也。"（同书《劝学》）兼术即达到全尽的途径。

# 中、中庸

"中"是儒家哲学的基本观念,又称为中庸。

《论语·尧曰》记述尧舜之事云:"尧曰:'咨,尔舜!天之历数在尔躬。允执其中,四海困穷,天禄永终!'舜亦以命禹。"以"中"为道德的基本原则。《论语》又记孔子曰:"中庸之为德也,其至矣乎!民鲜久矣。"(《雍也》)又记孔子论门弟子云:"不得中行而与之,必也狂狷乎!狂者进取,狷者有所不为也。"(《子路》)孔子之孙子思作《中庸》(《史记》云:"子思作《中庸》。")亦述孔子之言云:"君子中庸,小人反中庸。君子之中庸也,君子而时中;小人之〔反〕中庸也,小人而无忌惮也。"又述孔子曰:"舜其大知也与!舜好问而好察迩言,隐恶而扬善,执其两端,用其中于民,其斯以为舜乎!"

以上是关于孔子有关"中"与"中庸"的思想的主要记录。

其中"允执其中""中庸""中行""时中""执其两端,用其中于民",是最重要的表述。

首先要考察所谓"中庸"的含义。汉宋儒者对于"中庸"一词的解释有二:其一以为庸者用也,"中庸"即"中和之为用";其二以为庸者常也,"中庸"即无过无不及的常道。《礼记》孔颖达《疏》云:"案郑《目录》云:名曰《中庸》者,以其记中和之为用也。庸,用也。"《礼记》郑玄《注》释"君子中庸"云:"庸,常也,用中为常道也。"又释"执其两端,用其中于民"云:"两端,过与不及也。用其中于民,贤与不肖皆能行之也。"按郑氏兼取"庸,用也"与"庸,常也"二义,未能自圆其说。程颐释"中庸"云:"不偏之谓中,不易之谓庸。中者,天下之正道;庸者,天下之定理。"(《论语集注·雍也》引)朱熹说:"中者,无过无不及之名也。庸,平常也。"(同上书)又说:"中庸者,不偏不倚,无过不及,而平常之理,乃天命所当然,精微之极致也。"(《中庸章句》)按:"常"又有二义,一为常行之常,二为平常之常,二者亦略有分别。郑《注》"庸,常也",似指常行之常。朱注"庸,平常也"则为平常之常。

试以《中庸》证《论语》,"中庸"应即"用中"之义。"执其两端,用其中于民",意最显豁。"中庸"即中的原则的运用,故又说"君子而时中",时中即随时选择其中。庸虽亦有常行、平常之义,但"中庸"之庸应是"用"义。不应将庸的歧义牵合为一。但是宋代以来，朱熹的注释取得了主导地位。"不偏之谓中，不易之谓庸"成为一般人的常识了。

《孟子》书载："万章问曰：'孔子在陈，曰：盍归乎来！吾党之士，狂简进取，不忘其初。'孔子在陈，何思鲁之狂士？'孟子曰：'孔子：不得中道而与之，必也狂狷乎！狂者进取，狷者有所不为也。孔子岂不欲中道哉？不可必得，故思其次也。'"（《尽心下》）《论语》所谓"中行"，孟子称为"中道"。"中庸""中行""中道"，都以"中"为核心。"执其两端，用其中于民"，"中"应在两端之间，不陷于一偏。

《易传》中亦屡言"中"，多次赞扬"正中""中正""中道""中行"，大意认为能做到中正则吉，否则不吉。举例如下：《彖传》云："蒙亨，以亨行，时中也。"（《蒙卦》）又："有孚，光亨，贞吉，位乎天位，以正中也。"（《需卦》）又："利见大人，尚中正也。"（《讼卦》）又："文明以健，中正而应，君子正也。"（《同人》）《象传》云："酒食贞吉，以中正也。"（《需卦》）又："显比之吉，位正中也。"（《比卦》）又："不终日贞吉，以中正也。"（《豫卦》）又："黄离元吉，得中道也。"（《离卦》）又："受兹介福，以中正也。"（《晋卦》）又："九二贞吉，得中道也。"（《解卦》）又："有戎勿恤，得中道也。"（《夬卦》）又："九五之吉，位正中也。"（《巽卦》）又："九二贞吉，中以行正也。"（《未济卦》）这表明《彖传》《象传》

的作者,都是推崇"中道"的。

"中庸"的思想影响深远,尤其是宋代以来,所谓"不偏之谓中,不易之谓庸",不但为学者所接受,而且渗透到一般人的社会心理之中。

汉代以后,关于"中庸",提出比较特异的见解的有三人,即三国时的刘劭、南宋的叶适及明清之际的王夫之。

刘劭《人物志》云:"若量其材质,稽诸五物。五物之征,亦各著于厥体矣。其在体也,木骨、金筋、火气、土肌、水血,五物之象也。……是故骨植而柔者,谓之弘毅;弘毅也者,仁之质也。气清而朗者,谓之文理;文理也者,礼之本也。体端而实者,谓之贞固;贞固也者,信之基也。筋劲而精者,谓之勇敢;勇敢也者,义之决也。色平而畅者,谓之通微;通微也者,智之原也。五质恒性,故谓之五常矣。……虽体变无穷,犹依乎五质。……中庸之质,异于此类。五常既备,包以澹味。五质内充,五精外章。……故偏至之材,以材自名;兼材之人,以德为目;兼德之人,更为美号。是故兼德而至,谓之中庸。中庸也者,圣人之目也。"(《九征》)刘劭以为,木金火土水五物表现在人身上成为仁礼信义智五质,五质又称五常,五常各有所偏,兼备五常而超乎五常谓之中庸,中庸是"兼德而至"的最高境界。要之,刘劭以"兼德而至"释"中庸"。

叶适论中庸云:"道原于一而成于两。古之言道者必以两。凡物之形,阴阳、刚柔、逆顺、向背、奇偶、离合、经纬、纪纲,皆两也。……中庸者,所以济物之两而明道之一者也,为两之所能依而非两之所能在者也。水至于平而止,道至于中庸而止矣。"(《水心别集·进卷·中庸》)所谓"济物之两而明道之一"即依据对立统一的原则以解决事物的矛盾。

王夫之解释"中庸"的字义说:"若夫庸之为义,在《说文》则云:'庸,用也。'《尚书》之言庸者,无不与用义同。自朱子以前,无有将此字作平常解者。……故知曰'中庸'者,言中之用也。"(《读四书大全说》卷二《中庸·名篇大旨》)按:此解是正确的。王夫之进而反对以"无过无不及"为中庸,他说:"'中庸'二字,必不可与过、不及相参立而言。先儒于此,似有所未悉,说似一'川'字相似,开手一笔是不及,落尾一笔是过,中一竖是中庸,则岂不大悖?"(同书卷六《论语·先进》篇)他认为中是最高标准,只有不及,并无过之。他说:"狂、狷总是不及,何所得过?圣道为皇极,为至善,为巍巍而则天,何从得过?……要以中为极至,参天地,赞化育,而无有可过,不欲使人谓道有止境,而偷安于苟得之域。"(同上《子路》篇)又说:"非天下事理本有此三条路,一过、一中、一不及……分中、过、不及为三涂,直儿戏不成道理。"(同书卷七《论语·尧曰》篇)王夫之坚决反对"无过无不及"的观点,认为所谓中庸乃是"极至"即最高境界之义,只可能"不及",不可能"过之"。普通所谓"过"其实亦是"不及"。这样,王夫之赋予中庸以新的意义,事实上这是对于传统的"中庸"思想的否定。

"中庸"的观念认为凡事都有一个标准,也就是一个限度,超过这个限度和达不到这个限度是一样的。这里包含对立面相互转化的观点。这是正确的。但是"中庸"观念又要求维护这个标准,坚持这个限度,防止向反面转化,没有促进发展变化的观点,这是中庸思想的局限。在日常生活中,确实需要"无过无不及",如饮食衣着之类。但科学的发展有时需要突破传统观念,社会的进步更需要打破传统的束缚。在这些问题上,"中庸"观念就成为前进的阻碍了。我们现在要对"中庸"观念进行全面的分析。

# 情与无情

与欲的问题密切相关的，是情的问题。情与欲关系极密，然亦有区别。欲是饮食男女声色货利之欲，情则是喜怒哀乐爱恶惧之情。《荀子·正名篇》云："性之好恶喜怒哀乐所谓之情。"这是最早的情之界说。一般常将欲算作一种情，如以喜怒哀乐爱恶欲为七情，欲是七情之一。其实欲应当看作是与情并立的。情是人人所生而有的，但发之不当，常至害事。于是如何对待情，也成为一个重要的人生问题。关于情的理论，也可以说是关于"人生之艺术"的理论，亦即关于消除苦恼获得至乐之方法的理论。人生是一个艰难的过程，外物的逆阻，世事的曲折，常使人痛苦，如不能善用其情，则痛苦滋甚了；如能统御自己的情，对于逆险，能夷然处之，而痛苦便可以消减。所以人生需要有一种生活之艺术。而所谓生活之艺术，主要是统御情绪的艺术。对于情，孔子、墨子都有一种态度，但没有明确的理论。至庄子乃提出一种理论,孟子、荀子亦略有所说。后儒关于情的理论,以二程子所说为较精。

孔子是一个感情很丰富的人,他很注重情之正当的流露。《论语》云:

> 子食于有丧者之侧,未尝饱也。子于是日哭,则不歌。(《述而》)

> 子在齐闻《韶》,三月不知肉味,曰:不图为乐之至于斯也。(同上)

> 颜渊死,子哭之恸。从者曰:子恸矣!曰:有恸乎?非夫人之为恸而谁为?(《先进》)

孔子可以说是过一种合理的感情生活。他又尝说:

> 唯仁者,能好人,能恶人。(《里仁》)

正当的好恶,是应该有的。哀乐好恶,都是孔子所不排斥。但孔子很注重消除忧与惧两种情绪。他尝说:

> 君子不忧不惧。……内省不疚,夫何忧何惧?(《颜渊》)

> 君子坦荡荡,小人长戚戚。(《述而》)

孔子自以为是这样一个君子,他的生活是:

> 乐以忘忧，不知老之将至。（《述而》）

孔子弟子颜渊，也很有乐以忘忧的修养。孔子称赞之道：

> 贤哉，回也！一箪食，一瓢饮，在陋巷，人不堪其忧，回也不改其乐，贤哉，回也！（《雍也》）

颜子又能"不迁怒"。孔子、颜子对于怒的主张是不迁怒。当怒则怒，但怒此物不可并他物而亦怒之。

墨子亦是一个感情极丰富的人，其爱人之情比孔子尤为浓厚。他兼爱天下，不惜牺牲自己，如无真情实感，必不能如此。但墨子主张只应发挥兼爱之情，此外的他种情绪，都有害于事业，应予消除。《庄子·天下》篇称墨子"其道不怒"。《墨子》书亦云：

> 子墨子曰：默则思，言则诲，动则事，使三者代御，必为圣人！必去六辟。必去喜，去怒，去乐，去悲，去爱，而用仁义。手足口鼻耳，从事于义！（《贵义》）

喜怒哀乐悲爱恶，都应取消。此爱非兼爱之爱，乃指对于一人一物之偏爱。孔门只讲不迁怒，墨子则主张完全不怒，与儒家不同。

庄子讲无情。关于情，老子无所说。老子言无欲未言无情，庄子则不言无欲而言无情。庄子主张"有人之形，无人之情"（《德充符》）。《庄子》书又云：

> 惠子谓庄子曰：人故无情乎？庄子曰：然。惠子曰：人而无情，何以谓之人？庄子曰：道与之貌，天与之形，恶得不谓之人？惠子曰：既谓之人，恶得无情？庄子曰：是非吾所谓情也。吾所谓无情者，言人之不以好恶内伤其身，常因自然而不益生也。（《德充符》）

好恶之情是伤人的，不可以有。人能无情，便达到悬解的境界。庄子说：

> 且夫得者，时也；失者，顺也。安时而处顺，哀乐不能入也，此古之所谓悬解也。而不能自解者，物有结之。（《大宗师》）

悬解即是哀乐不能入的境界。受情之束缚，比如倒悬；脱除这种束缚，便如倒悬之解。人事中一切得失演变，其实都是自然的，不得不然的，不必悲，亦不必乐，悲乐乃是多余的。能知一切人事的变化，都是自然而不得不然的，就无所用其喜欣悲怨了。庄子又云：

> 死生、存亡、穷达、贫富、贤与不肖、毁誉、饥渴、寒暑，是事之变，命之行也。日夜相代乎前，而知不能规乎其始者也。故不足以滑和，不可入于灵府。（《德充符》）

所有人事之变，都是必然，都是命，权不在我。实不足以扰心，不必有所喜怒好恶于其间。

《庄子·外篇》亦主无情。认为情是不可有的。《外

篇》云:

> 悲乐者,德之邪也;喜怒者,道之过也;好恶者,德之失也。

(《刻意》)

情皆非道德之正,而有害于道德。

庄子主张"物物而不物于物"(《山木》),《外篇》中极言此理。情都是物所引起的,受物之刺激而动情,便是物于物;虽受物之刺激而情无所动,便是物物。《外篇》主张不因物而哀乐,极力排斥情为物动。《外篇》云:

> 山林与,皋壤与,使我欣欣然而乐与?乐未毕也,哀又继之!哀乐之来,吾不能御;其去,弗能止!悲夫,世人直为物逆旅耳!

(《知北游》)

哀乐皆由于物,不由于我,是物反为我之主。此种生活实至极可悲悯。《庄子·外篇》又云:

> 物之傥来,寄也。寄之,其来不可圉,其去不可止。故不为轩冕肆志,不为穷约趋俗,其乐彼与此同。故无忧而已矣。今寄去,则不乐。由是观之,虽乐,未尝不荒也。故曰:丧己于物,失性于俗者,谓之倒置之民。(《缮性》)

因物而悲乐,乃是丧己于物,有物无己了。《庄子·杂篇》更详论之云:

> 知士，无思虑之变，则不乐；辩士，无谈说之序，则不乐；察士，无凌谇之事，则不乐：皆囿于物者也。招世之士，兴朝；中民之士，荣官；筋力之士，矜雅；勇敢之士，奋患；兵革之士，乐战；枯槁之士，宿名；法律之士，广治；礼教之士，敬容；仁义之士，贵际。农夫，无草莱之事，则不比；商贾，无市井之事，则不比。庶人，有旦暮之业，则劝；百工，有器械之巧，则壮。钱财不积，则贪者忧；权势不尤，则夸者悲。势物之徒，乐变，遭时有所用，不能无为也。此皆顺比于岁，不物于易者也；驰其形性，潜之万物，终身不反。悲夫！（《徐无鬼》）

因一物之有无而乐悲，各囿于一物而不能有所改易，实在可哀极了。庄学最反对为物所役的生活。庄学的生活理想，在于消弭情绪，不为物动。

孟子对于情的态度，与孔子大致相同。孟子认为恻隐之心、羞恶之心、辞让之心、是非之心，是仁义礼智之端。恻隐，羞恶，辞让，可以说都是情，这几种情乃是道德的基本，可见情是应当有的。孟子论处世之道云：

> 君子以仁存心，以礼存心。仁者爱人，有礼者敬人。爱人者，人恒爱之；敬人者，人恒敬之。有人于此，其待我以横逆，则君子必自反也：我必不仁也，必无礼也，此物奚宜至哉？其自反而仁矣，自反而有礼矣，其横逆由是也，君子必自反也：我必不忠。自反而忠矣，其横逆由是也。君子曰：此亦妄人也已矣！如此，则与

禽兽奚择哉？于禽兽又何难焉？是故君子有终身之忧，无一朝之患也。乃若所忧则有之：舜，人也；我，亦人也。舜为法于天下，可传于后世，我由未免为乡人也，是则可忧也。忧之如何？如舜而已矣。若夫君子所患则亡矣。非仁无为也，非礼无行也。如有一朝之患，则君子不患矣。（《离娄》）

君子惟务实行道德，遇横逆之来，并不动情感，而自己反省。如系由于我有过失，则努力改过；如非因我有过失，乃无故遇此横逆，则此待我以横逆之人实与禽兽无异，亦何足以责？所以君子只有终身之忧，而无一朝之患。所忧者自己人格不伟大，成就不卓越。至于一朝之患，则君子不以为患，而无所动心了。

孟子有不动心之说，自谓"我四十而不动心"（《公孙丑》）。他讲不动心之道，在于"养勇"，引曾子之言云：

吾尝闻大勇于夫子矣：自反而不缩，虽褐宽博，吾不惴焉；自反而缩，虽千万人，吾往矣！（同上）

自反而不直，则虽贱人不加以威胁；自反而直，则千万人亦往敌之而无所畏矣。能有此勇，则不为事物动心。孟子更论不动心之修养术云：

持其志，无暴其气。（同上）

志是心之所有，气是身之所有。持守其志使无间断，致养其气使无受伤损。如此涵养久之，自然不动心了。不动心即是主宰情绪不因外物而动之境界。

荀子是主张"矫饰人之情性而正之""扰化人之情性而导之"(《性恶》)的,虽不讲无情,而注重节制情。他尝说:

> 怒不过夺,喜不过予,是法胜私也。《书》曰:无有作好,遵王之道;无有作恶,遵王之路。此言君子之能以公义胜私欲也。(《修身》)

喜怒虽不可无,然怒应不过夺,喜当不过予。荀子亦主张役物,排斥役于物。他说:

> 志意修则骄富贵,道义重则轻王公,内省而外物轻矣。《传》曰:君子役物,小人役于物。此之谓也。(同上)

荀子又以"心忧恐"为"以己为物役","心平愉"为"重己役物"(《正名》)。役物则情不为物动,为物役则情随物迁。

《中庸》有几句话,将儒家对于情的态度很概括地表示出来。《中庸》云:

> 喜怒哀乐之未发,谓之中;发而皆中节,谓之和。中也者,天下之大本也;和也者,天下之达道也。致中和,天地位焉,万物育焉。

喜怒哀乐未发,既不喜亦不怒,既无哀亦无乐,此时的心境是中立的，故谓之中。此中非"中庸"之中，而亦与"中庸"之中相通。及喜怒哀乐已发，而皆合乎节度，谐和而无所乖戾，故谓之和。道家讲无情，即只要未发之中；儒家亦注重未发之中，而最注重发而中节之和。儒家对于情，主要是求其发而中节。

《大学》亦论及情。《大学》云：

> 身有所忿懥，则不得其正；有所恐惧，则不得其正；有所好乐，则不得其正；有所忧患，则不得其正。心不在焉，视而不见，听而不闻，食而不知其味。此谓修身在正其心。

心动于情，则失其正。《大学》之意，亦非主张完全消除忿懥恐惧等情，而是主张心在，心在就不至于为情所胜了。

汉董子论情，以"中和"为要义。董子云：

> 中者，天之用也；和者，天之功也。……故君子怒则反中，而自说以和；喜则反中，而收之以正；忧则反中，而舒之以意；惧则反中，而实之以精。夫中和之不可不反如此。（《春秋繁露·循天之道》）

> 喜怒止于中，忧惧反之正。此中和常在乎其身，谓之得天地泰。（同上）

董子所谓中，指无过无不及，非《中庸》未发之意。人如有喜怒哀乐之情，便要返于中，返于中就得到和了。董子不赞成无

情,他说:

> 阴阳之气,在上天,亦在人。在人者为好恶喜怒,在天者为暖清寒暑。出入上下、左右、前后,平行而不止,未尝有所稽留滞郁也。其在人者,亦宜行而无留,若四时之条条然也。夫喜怒哀乐之止动也,此天之所为人性命者。临其时而欲发,其应亦天应也。……人有喜怒哀乐,犹天之有春夏秋冬也。喜怒哀乐之至其时而欲发也,若春夏秋冬之至其时而欲出也。皆天气之然也。其宜直行而无郁滞,一也。(同上书《如天之为》)

喜怒哀乐,当发之时,不可不发,不宜稽留郁滞。

三国时魏之王弼,对于情颇有新说。何劭所作《王弼传》有云:

> 何晏以为圣人无喜怒哀乐,其论甚精。钟会等述之。弼与(何晏)不同,以为圣人茂于人者神明也,同于人者五情也。神明茂,故能体冲和以通无;五情同,故不能无哀乐以应物。然则圣人之情,应物而无累于物者也,今以其无累,便谓不复应物,失之多矣。

传中又引王弼《戏答荀融书》云:

> 夫明足以寻极幽微,而不能去自然之性。颜子之量,孔父之所豫在,然遇之不能无乐,丧之不能无哀。又常狭斯人,以为未能以情从理者也。而今乃知自然不可革。……故知尼父之于颜子,可以

无大过矣。

何晏等之说，即庄子之思想，以无情为修养最高境界。王弼自谓"常狭斯人，以为未能以情从理"，大概本来亦主无情之说。庄子所讲者，可以说即是"以情从理"；知"得"是"时"，"失"是"顺"，一切人事变化都是"命之行"，即知其为理之必然，于是不动于情，而哀乐不入。但情是自然之性，本不能去；讲无情，实是违反自然。王弼后来乃觉悟"自然之不可革"，于是认为圣人"不能无哀乐以应物"，但虽应物，而"无累于物"，故与常人不同。孔子对于颜渊，遇之不能无乐，丧之不能无哀，但虽有哀乐，而不为哀乐所累。王弼这种新说，主要是综合儒、道两家。儒家注重情之发而中节，道家主无情，王弼之说则是讲有情而不累于情，亦即是有情而无情。

至北宋，二程论情较精，其主要意思，同于王弼，不过所说比王氏为明晰详细。程明道云：

> 夫天地之常，以其心普万物而无心；圣人之常，以其情顺万事而无情。故君子之学，莫若廓然而大公，物来而顺应……圣人之喜，以物之当喜；圣人之怒，以物之当怒。是圣人之喜怒不系于心，而系于物也。是则圣人岂不应于物哉？……今以自私用智之喜怒，而视圣人喜怒之正为何如哉？夫人之情，易发而难制者，惟怒为甚，第能于怒时遽忘其怒，而观理之是非，亦可见外诱之不足恶，而于道亦思过半矣。(《答横渠张子厚先生书》)

物当喜则喜之,当怒则怒之,喜怒以理,系于物而不系于心,此即情顺万事而无情。圣人未尝不应物,但能不为所累。"于怒时遽忘其怒,而观理之是非",亦即以情从理。明道主以情从理,而不主全无喜怒,亦可谓兼综儒、道之说。

程伊川尝论不迁怒之理云:

> 须是理会得因何不迁怒,如舜之诛四凶,怒在四凶,舜何与焉?盖因是人有可怒之事而怒之,圣人之心本无怒也。譬如明镜,好物来时便见是好,恶物来时便见是恶。镜何尝有好恶也?世之人固有怒于室而色于市,且如怒一人,对那人说话,能无怒色否?有能怒一人,而不怒别人者,能忍得如此,已是煞知义理。若圣人因物而未尝有怒,此莫是甚难。君子役物,小人役于物。今见可喜可怒之事,自家著一分陪奉他,此亦劳矣。圣人之心如止水。(《语录》十八)

此以为不迁怒之原因在于心本无怒。见可怒者则怒之,而心本无怒,故对于不可怒者则不怒;如心中有怒,则怒于此亦怒于彼了。圣人之心如明镜如止水,虽有喜怒之表现,而实无喜怒。孔门言不迁怒,其意只谓怒此而不迁于彼,未尝言心本无怒;伊川以心本无怒讲不迁怒,实受道家之影响。伊川又云:

> 小人之怒在己,君子之怒在物。小人之怒,出于心,作于气,形于身,以及于物,以至无所不怒,是所谓迁也。若君子之怒,如舜之去四凶。(同上二三)

怒在己则必至于迁怒；怒在物则可不怒及非可怒之物。

伊川极注重役物而不役于物，曾屡言之。他说：

> 要作得心主定，惟是止于事，为人君止于仁之类。如舜之诛四凶，四凶已作恶，舜从而诛之。舜何与焉？人不止于事，只是揽他事，不能使物各付物。物各付物，则是役物。为物所役，则是役于物。"有物必有则"，须是止于事。（同上十五）

物各付物而己不与焉，便是役物；不能使物各付物，则为物所役了。止于事即应事而止于其所当止。伊川极言外物不可恶，《语录》云：

> 问：恶外物，如何？曰：是不知道者也，物安可恶？释氏之学便如此。释氏要屏事不问。这事是合有邪？合无邪？若是合有，又安可屏？若是合无，自然无了，更屏什么？彼方外者苟且务静，乃远迹山林之间，盖非明理者也。（同上十八）

恶外物而不应物，是不应该的。唯能物各付物，则虽应物而不为所累。

与二程同时的邵康节，亦偶论情。康节云：

> 以物喜物，以物悲物，此发而中节者也。（《观物外篇》）

物当喜则喜，当悲则悲之，喜悲在物，而我无私意，方为发而中节。

胡五峰论情，主中节，不赞成无情。他说：

> 凡天命所有而众人有之者，圣人皆有之。人以情为有累也，圣人不去情。人以才为有害也，圣人不病才。人以欲为不善也，圣人不绝欲。人以术为伤德也，圣人不弃术。人以忧为非达也，圣人不忘忧。人以怨为非宏也，圣人不释怨。然则何以别于众人乎？圣人发而中节，而众人不中节也。中节者为是，不中节者为非。挟是而行则为正，挟非而行则为邪。正者为善，邪者为恶。（《知言》）

凡情，中节即善，不必勉强消弭之。

朱子关于情的问题，谨守《中庸》"发而中节"之说，不主无情。朱子说：

> 有是形，则有是心；而心之所得乎天之理，则谓之性；性之所感于物而动，则谓之情。是三者，人皆有之，不以圣凡为有无也。但圣人则气清而心正，故性全而情不乱耳。学者则当存心以养性而节其情也。今以圣人为无心，而遂以为心不可以须臾有事，然则天之所以与我者，何为而独有此赘物乎？（《答徐景光》）

心性与情，人皆有之。圣人只是情不乱，未尝无情。修养之道，在"节其情"，《朱子语类》云：

> 问：圣人恐无怒容否？曰：怎生无怒容？合当怒时，必亦形于色；如要去治那人之罪，自为笑容，则不可。曰：如此，则恐涉忿怒之气否？曰：天之怒，雷霆亦震；舜诛四凶，当其时亦须怒。但

当怒而怒,便中节,事过便消了,更不积。(九五)

合当怒时,便须有怒容,此亦是中节。朱子不言"心本无怒",只谓"事过便消了",其说较合于古代儒家学说之本义。

王阳明论情,与程明道相近,而比明道更清楚。明道谓"情顺万物而无情",阳明则谓"七情不可有所著"。阳明说:

> 喜、怒、哀、惧、爱、恶、欲,谓之七情。七者俱是人心合有的,但要认得良知明白。……七情顺其自然之流行,皆是良知之用,不可分别善恶,但不可有所著。七情有著,俱谓之欲,俱为良知之蔽。然才有著时,良知亦自会觉,觉即蔽去,复其体矣。(《传习录》)

有情而不动心,喜怒在物不在己,即无所著。阳明又云:

> 忿懥几件,人心怎能无得?只是不可"有所"耳。凡人忿懥,著了一分意思,便怒得过当,非廓然大公之体了。故"有所忿懥",便"不得其正"也。如今于凡忿懥等件,只是个物来顺应,不要著一分意思,便心体廓然大公,得其本体之正了。且如出外见人相斗,其不是的,我心亦怒;然虽怒,却此心廓然,不曾动些子气。如今怒人,亦得如此,方才是正。(同上)

如有所著,则怒得过当;如虽怒而无私心,便是无所著。阳明以为心之本体原廓然大公,情之本然,亦是善。他说:

> 喜怒哀乐本体自是中和的,才自家著些思想,便过不及,便是

私。（同上）

中和原是情之本然，顺其自然之流行，本无过无不及。阳明之主要意思，是教人循其良知，当喜则喜，当怒则怒，只不著私意，便都是应该的。能如此则心中常乐。《传习录》又云：

> 问乐是心之本体，不知遇大故，于哀哭时，此乐还在否？先生曰：须是大哭一番了方乐，不哭便不乐矣；虽哭，此心安处即是乐也。本体未尝有动。

情当发即发，发而中节，则此心总在乐中。

颜习斋亦有论情之语，态度与古代儒家最近，主张有情而不为情所累。习斋说：

> 当忧不忧，当怒不怒，佛氏之空寂也；儒者而无所忧怒也，何以别于异端乎？忧则过忧，怒则过怒，常人之无养也，学者而为忧怒役也，何以别于常人乎？惟平易以度艰辛，谦和以化凶暴，自不为忧怒累。（《言行录》）

不可无忧怒，亦不可过忧怒。能平易以度艰辛，则虽忧而不为忧累；能谦和以化凶暴，则虽怒而不为怒累。习斋又说：

> 玩物而乐，离物则不乐，固非能乐者也。无物而乐，有物则不乐，亦非能乐者也。颜子箪瓢陋巷乐，不箪瓢陋巷亦乐，是何如乐！（同上）

人当自有其乐。如俗人玩物而始乐，庄释离物而始乐，俱非能乐者。习斋又云：

> 看圣人之心，随触便动，只因是个活心。见可喜便喜，可怒便怒，推而至于万应曲当，天下归心，总是个活心。（《四书正误》）

心应该是一个活心，如完全无情，触而不动，便是死其心了。习斋是反对无情之说的。习斋又说：

> 古人正心修身齐家，专在治情上著工夫，治情专在平好恶上著工夫，平好恶又专在待人处物上著工夫。（《言行录》）

情不可无而须治，治情犹云节情。平好恶即使好恶当理。情之中最根本的，就是好恶，如好恶无不合理，则喜怒哀乐自无不中节了。

最反对无情说的，是戴东原，东原认为欲不可无，情亦不可无。他说：

> 生养之道，存乎欲者也；感通之道，存乎情者也。（《原善》）

欲乃所以生养，情乃所以感通，都是必须有的。道家与二程主张以情从理，东原则认为理不离情。他说：

> 理也者，情之不爽失者也，未有情不得而理得者也。（《孟子

字义疏证》）

> 在己与人皆谓之情，无过情无不及情之谓理。（同上）

理只是情之中节。

东原言情，每与欲相提并论。他虽亦讲欲与情的分别，如说："性之征于欲，声色臭味而爱畏分。既有欲矣，于是乎有情；性之征于情，喜怒哀乐而惨舒分。"（《原善》）但他很注重欲情的联系。

中国哲学中关于情的思想，大致可以分为三说。第一说可以名为节情说，是古代儒家及董子、朱子、颜习斋、戴东原的思想。第二说可名为无情说，是道家的思想。第三说可名为有情而无情说，创于王辅嗣，发展于两程子及王阳明。

## 移风易俗与传统美德

改革开放以来,我国的经济迅速发展了,学术文化也出现了活跃的景象。这都是令人欣喜的。但是,与此同时,社会上也出现了令人痛心的不良现象。有些人大量赚钱,成为所谓"大腕""大款",相互比阔,大肆挥霍,更有人搞权钱交易,贪污腐化,出现了用公款大吃大喝的恶劣风气。这些不良现象,归结起来,其思想根源主要是唯利是图的拜金主义与纵情肆欲的享乐主义。这种腐朽的思想作风败坏了社会风气,损害了精神文明,这是令人深切忧虑的!

对于不良风气,必须加以纠正。古代哲人所谓"正人心、息邪说",在一定时期确有必要。拜金主义、享乐主义确实违背了真理与正义,应该加以纠正。转移社会风气,移风易俗,确实是当务之急。

移风易俗,需要提高觉悟,需要提高对于一些重要问题的认识。在提高认识的过程中，理解传统美德并加以弘扬，是一项重要任务。

传统道德具有复杂的内容，其中有为等级制服务的奴隶道德，如"君为臣纲、父为子纲、夫为妻纲"即所谓三纲，要求民对于君、子对于父、妻对于夫的绝对服从，这是应该加以彻底批判的。传统道德中也含有一些具有一定的普遍意义的原则和规范。这就必须加以发扬了。

列宁曾谈到"公共生活规则"，这"公共生活规则"是"数百年来人们就知道的、数千年来在一切处世格言上反复谈到的"，到共产主义社会，人们就能"自动遵守"了。（《列宁选集》第三卷）这"公共生活规则"即是基本的道德规范，是具有一定的普遍性的。中国的传统道德中，有许多原则和规范可以说就是"公共生活规则"。一个最显著的例子即是信，亦称为诚信。信即是不说假话，遵守诺言，这是古往今来社会生活必须遵守的道德规范。在商业活动中，货真价实，童叟无欺，亦是信的表现。漫天要价，以假充真，就违反了信的原则。

古代有许多道德格言，虽然已经流传了两千年，但在今天看来，仍具有重要意义。例如孔子所谓"己欲立而立人，己欲达而达人""己所不欲，勿施于人"，孟子所谓"老吾老以及人之老，幼吾幼以及人之幼"，这就是儒家所提倡的"仁"。"仁者爱人"，要求泛爱人民。但是儒家所谓仁又含有等级意识。孔子说："克己复礼为仁"。爱人要符合于礼，而礼是区别贵贱等级的。荀子说:"先王案为之制礼义以分之,使有贵贱之等、长幼之差、知愚能不能之分。"时至今日,儒家所重视的等级区别,应该彻底加以否定了。但是儒家所宣扬的"己欲立而立人,己欲达而达人""己所不欲,勿施于人""老吾老以及人之老,幼吾幼以及人之幼",作为一个普遍性的道德原则还是值得肯定的。

孟子论道德,区分为两个层次。较高的层次是"仁、义、礼、智",较低的层次是"孝、悌、忠、信"。仁的含义略如上述。义与礼亦都有两层含义,既有时代性的含义,也有普遍性的含义。封建时代有封建时代的礼义,社会主义时代也有社会主义时代的礼义,在今天,人际关系仍应遵守一定的礼与义。"见得思义""见义勇为",是绝对必要的。人与人之间遵守一定的礼节,也是绝对必要的。孟子所谓智指关于是非善恶的道德觉悟,也是既有时代性又有普遍性的。

孝悌忠信是较低层次的道德。汉代以后强调忠孝大节,突出了忠与孝。忠的本义是尽心帮助别人,汉代以后演变为臣对于君应遵守的道德。到今天,君主制度已经废除了,但是忠于国家、忠于民族,还是绝对必要的。孝是敬养父母,汉代以后宣扬对父母的绝对服从,这也久已被否定了,但赡养父母、敬重父母,还是绝对必要的。悌指长幼之节,信是诚实不欺,都属于公共生活规则。

《管子》提出"礼义廉耻",认为"礼义廉耻",是国之

"四维","四维不张,国乃灭亡"。其所谓礼义,基本上同于儒家所讲的礼义,而特别提出"廉耻",这一点值得注意。廉是官吏必须遵守的道德,千百年来,人民颂扬清官,清官的一个基本条件就是廉。这是今日也必须大力提倡的。耻是人人应具有的羞耻之心,这是道德意识的基础。

我们现在要建设具有时代精神的新道德。新道德的主要原则应是爱国主义、集体主义和社会主义的人道主义。在建设新道德的系统工程中,对于传统道德进行分析批判,从而弘扬传统美德,这是一个必要的环节。人类的社会生活的发展,既有变革性,也有继承性。新事物是在旧传统的基础上发展起来的。彻底否定过去,从零开始、另起炉灶,那是不可能的。应该承认,传统美德是传统文化中的珍贵遗产,在今天仍具有提高觉悟的重要作用。

传统美德,从理论上讲,有其深湛的思想基础。传统美德的思想基础即是人格意识,亦即人的自觉。做一个人,应该有做人的自觉,要肯定自己是一个人,同时承认别人也是人。每一个人有自己的独立意志。"三军可夺帅也,匹夫不可夺志也。"(孔子)要坚持自己的独立意志,同时尊重别人的独立意志。人格的尊严比生命更重要。"生亦我所欲,所欲有甚于生者,故不为苟得也;死亦我所恶,所恶有甚于死者,故患有所不辟也。"(孟子)所欲有甚于生者,即是人格的尊严;所恶有甚于死者,即是人格的屈辱。做一个人,要具有人的自觉,而不屈服于物质欲望，不做金钱的奴隶。"不认识一个字，也要堂堂正正地做个人。"（陆象山）这是传统美德的思想基础。在社会主义社会中，摆脱了阶级剥削，摆脱了等级压迫，应该真正实现人的价值了。

第四篇

修养与性情

『人与其他动物不同,不但有物质生活,而且有精神生活,不但追求本能的满足,而且追求真、善、美的精神价值。真是对于世界的正确的认识,善是适当处理人与人、人与物的关系,美是超本能的愉悦之感。今天的社会中,拜金主义、个人享乐主义还比较流行,这些都是缺乏精神生活的表现。古代哲学家力求充实精神生活、提高精神境界的言论,仍然是具有启发意义的。』

# 精神生活与精神境界

精神生活与物质生活都是现在常用的名词,在古代虽没有这类名词,却也认识到精神生活与物质生活的区别。《管子》云:"仓廪实则知礼节,衣食足则知荣辱。"仓廪实,衣食足,是物质生活的内容;知礼节,知荣辱,是精神生活的内容。孟子说:"人之有道也,饱食、煖衣、逸居而无教,则近于禽兽。圣人有忧之,使契为司徒,教以人伦。"饱食暖衣是物质生活,教以人伦是精神生活,这种区别还是明显的。

《管子》所谓"仓廪实则知礼节,衣食足则知荣辱",表明物质生活是精神生活的基础。孟子也说:"今也制民之产。仰不足以事父母,俯不足以畜妻子,乐岁终身苦,凶年不免于死亡。此惟救死而恐不赡,奚暇治礼义哉?"也承认必须先解决物质生活的问题。但是孟子又说:"饱食、煖衣、逸居而无教,则近于禽兽。"这就是说,物质生活是提高精神生活的必要条件,而非其充足条件。物质生活问题解决了,精神生活可能很缺乏。孟子所谓"逸居而无教,则近于禽兽",也是符合事实的。

古代儒家承认物质生活的重要。孔子论为邦之道"足食、足兵,民信之矣",以足食为首。《礼记·记运》肯定"饮食男女,人之大欲存焉",但是儒家认为精神生活是更有价值的。孔子说:"饭疏食,饮水,曲肱而枕之,乐亦在其中矣!不义而富且贵,于我如浮云。"(《论语·述而》)更有"君子食无求饱,居无求安"(同上《学而》),"君子谋道不谋食""君子忧道不忧贫"之训(同上《卫灵公》),都是强调精神生活高于物质生活。孔子称赞颜渊:"一箪食,一瓢饮,在陋巷,人不堪其忧,回也不改其乐,贤哉,回也!"(同上《雍也》)就是说,颜渊虽然过着贫苦的物质生活,却有高尚的精神生活,所以是值得赞扬的。

颜子"一箪食,一瓢饮",还有一箪之食,一瓢之饮,如果连一箪之食、一瓢之饮也没有,那又当如何呢?孔子厄于陈蔡,绝粮,从者病,莫能兴,"于是使子贡至楚。楚昭王兴师迎孔子,然后得免"(《史记·孔子世家》)。这就证明,一定程度的物质生活还是必要的。

物质生活是人类生存的基础,而精神生活则是人类与其他动物不同的特点。如果一个人毫无精神生活,那就与其他动物没有区别了。

人们的精神生活,彼此之间,存在着很大的区别。有的精神生活比较丰富高尚，有的精神生活则比较平淡。中国古代哲学家特别注重提高精神生活。不同程度的精神生活可以说具有不同的精神境界。人们的精神境界有高低、深浅之分。先秦哲学中，关于人生的精神境界谈论较多的是孔子、孟子、老子、庄子。这里略述孔、孟、老、庄关于精神境界的思想。

孔子自述云："吾十有五而志于学，三十而立，四十而不惑，五十而知天命，六十而耳顺，七十而从心所欲，不逾矩。"（《论语·为政》）"从心所欲，不逾矩"即情感与道德原则完全符合，毫无勉强。这是孔子所达到的最高境界。孔子又自述为人的态度说："其为人也，发愤忘食，乐以忘忧，不知老之将至云尔。"（《论语·述而》）这是孔子在楚国时讲的，当时年未七十。孔子又对颜渊、子路言志说："老者安之，朋友信之，少者怀之。"（《论语·公冶长》）这老安少怀表现了孔子"泛爱众"的仁心。"孔子贵仁"（《吕氏春秋·不二》），但是孔子认为还有比仁更高的境界，就是"博施于民而能济众"的"圣"的境界。"子贡曰：如有博施于民而能济众，何如？可谓仁乎？子曰：何事于仁，必也圣乎？尧舜其犹病诸！"（《论语·雍也》）孔子以"博施于民而能济众"为最高境界，即以最有益于广大人民的道德实践为最高境界。

孔子所讲的最高境界，虽然极其崇高，但是朴实无华。孟子讲自己的精神境界，则表现了玄想的倾向。孟子提出"浩然之气"，他说："我善养吾浩然之气。……其为气也，至大至刚，以直养而无害，则塞于天地之间。其为气也，配义与道，无是，馁也，是集义所生者，非义袭而取之也。行有不慊于心，则馁矣。……必有事焉，而勿正，心勿忘，勿助长也。"（《孟子·公孙丑上》）这所谓气指一种状态，"浩然之气"指一种广大开阔的精神状态。"以直养而无害，则塞于天地之间"，即感觉到自己的胸中之气扩展开阔，充满于天地之间，即与万物合而为一。孟子又说："万物皆备于我矣！反身而诚，乐莫大焉。"（《孟子·尽心上》）"万物皆备于我"，即万物与我合而为一，成为一个大我。孟子又说："夫君子所过者化，所存者神，上下与天地同流，岂曰小补之哉？"（同上）"上下与天地同流"，即与天地生成万物的过程相互契合。孟子谈论修养的最高境界，再三从自我与天地万物的关系立论，这与孔子只讲人际关系不同了。孟子的精神境界表现了浩大的心胸，也表现了神秘主义倾向。

老子以"无为"为人生的最高原则，宣称"为学日益，为道日损，损之又损，以至于无为，无为而无不为"。无为即任其自然。《老子》上下篇中关于精神境界的论述不甚显豁，《庄子·天下》论述关尹、老聃之学，所讲却比较显明。《天下》云："以本为精，以物为粗，以有积为不足，澹然独与神明居。古之道术有在于是者，关尹、老聃闻其风而悦之。""以本为精，以物为粗"，即超脱普通事物，而研求事物的本根。"澹然独与神明居"，即独具最高的智慧。这表现了《庄子》五千言的基本态度。

庄子对于精神境界有详细的论述。庄子一方面宣扬"齐物",否认了价值差别的客观性;一方面又表现了厌世的情绪,希求"游乎尘垢之外"。

庄子认为:"自其异者视之,肝胆楚越也;自其同者视之,万物皆一也。"(《德充符》)"以道观之,物无贵贱""万物齐一,孰短孰长?"(《秋水》)这是齐物观点。但在与惠施的一次谈话中,庄子以鹓鶵自比:"夫鹓鶵发于南海,而飞于北海,非梧桐不止,非练实不食,非醴泉不饮。"(《秋水》)又强调了严格的价值选择。在《逍遥游》篇中,以"背若泰山,翼若垂天之云,抟扶摇羊角而上者九万里"的大鹏与"腾跃而上,不过数仞而下"的赤鷃相比。接着论列不同的人品说:"故夫知效一官,行比一乡,德合一君,而征一国者,其自视也,亦若此矣。而宋荣子犹然笑之。且举世誉之而不加劝,举世非之而不加沮,定乎内外之分,辩乎荣辱之境,斯已矣。彼其于世未数数然也。……夫列子御风而行,泠然善也,旬有五日而后反,彼于致福者,未数数然也。此虽免乎行,犹有所待者也。若夫乘天地之正,而御六气之辩,以游无穷者,彼且恶乎待哉?"所谓"知效一官,行比一乡,德合一君,而征一国者",指普通做官的人,这是境界不高的;宋荣子(即宋钘)不以毁誉为荣辱,有独立的气概;列子御风而游,而仍有所待。唯有"乘天地之正,而御六气之辩,以游无穷"才是真正的逍遥，这是庄子所讲的最高精神境界。

庄子的这种精神境界，亦称为"天地与我并生，而万物与我为一"的境界。《齐物论》："天下莫大于秋毫之末，而泰山为小；莫寿于殇子，而彭祖为夭。天地与我并生，而万物与我为一。"庄子提出"天地与我并生，而万物与我为一"，是从齐寿殇等大小立论的，天地虽久，亦可以说与我并生；万物虽多，亦可以说与我为一。这样就超越了小我，感到与天地同在了。这是一种神秘主义的境界。

庄子所谓"天地与我并生，而万物与我为一"，与孟子所谓"万物皆备于我""上下与天地同流"基本相似。但孟子所讲的是以道德实践为基础的，其浩然之气"集义"所生。庄子则主张"忘年忘义"（《齐物论》），这就不大相同了。

孟庄所讲的最高精神境界，都包含主观的浮夸的倾向。孟子所谓浩然之气，"其为气也，至大至刚，以直养而无害，则塞于天地之间"。事实上一个人的气是有限的，何能充塞于天地之间？"万物皆备于我"，我作为个体也是有限的，如何能兼备万物？人可以扩大胸怀，爱人爱物，但是无论如何，个人与万物还是有一定区别的。至于"上下与天地同流"，更只是主观愿望了。庄子讲"天下莫大于秋毫之末，而泰山为小；莫寿于殇子，而彭祖为夭"，由此论证"天地与我并生，而万物与我为一"，实则泰山大于毫末、彭祖寿于殇子，还是确定的事实。天地长久，人生短暂；万物繁多，物我有别，还是必须承认的。

孟子、庄子论人生最高境界，未免陷于玄远，但是两家论人生修养，也有比较切实的言论。孟子说："君子之于物也，爱之而弗仁；于民也，仁之而弗亲。亲亲而仁民，仁民而爱物。"（《孟子·尽心上》）对于亲、民、物，指不同的态度。亲亲是对于父母的态度；一视同仁是对于人民的态度；泛爱万物是对于物的态度。庄子论生活应无情云："吾所谓无情者，言人之不以好恶内伤其身。""不以好恶内伤其身"是道家修养论的基本原则。

宋代理学家受孟子、庄子的影响，也常常将精神生活与天地万物联系起来。张载讲"大心体物"，他说："大其心则能体天下之物。物有未体，则心为有外。世人之心，止于闻见之狭；圣人尽性，不以见闻梏其心，其视天下无一物非我。"（《正蒙·大心》）又说："合内外，平物我，此见道之大端。"（《语录》）这即以物我合一为最高境界。程颢讲"以天地万物为一体"，他说："学者须先识仁。仁者，浑然与物同体。"（《程氏遗书》卷二上）又说："仁者，以天地万物为一体，莫非己也。认得为己，何所不至？"（同上）这是主张超越小我，以天地万物的全体作为大我。但天地广阔，万物繁多，如何把天地万物都看作自己，对于天地万物的变化都感同身受呢？难免陷于空虚无实。

张载、程颢也有比较切实的议论。张载所著《西铭》云："乾称父，坤称母，予兹藐焉，乃浑然中处。故天地之塞，吾其体；天地之帅，吾其性。民，吾同胞；物，吾与也。"这里以天地为父母，即认为人是天地所产生的，"予兹藐焉"，承认自己是藐小的。以人民为同胞，以万物为相与。"物吾与也"与"视天下无一物非我"，是有一定区别的。承认万物都是吾的伴侣，这是比较符合实际的。

程颢《答横渠书》云："故君子之学，莫若廓然而大公，物来而顺应。"以廓然大公为精神修养的中心原则，这是比较切合实际的。

冯友兰先生在所著《新原人》中详细论述了人生境界，以"天地境界"为最高境界。在一个意义上讲，孟子所谓"万物皆备于我""上下与天地同流"可以说是天地境界；庄子所谓"天地与我并生，而万物与我为一"，亦是天地境界。但是如此意义的天地境界未免虚而不实，陷于神秘主义。从另一意义来讲，凡对于人在宇宙中的位置，亦即人与天地的关系有所认识，而超拔于流俗的考虑之外的，亦可谓为天地境界。如孔子说："逝者如斯夫，不舍昼夜。"（《论语·子罕》）即对于宇宙大化有深刻的认识。孟子说："圣人之于天道也。"（《孟子·尽心上》）以为达于天道为圣人的境界。庄子所谓"乘天地之正，而御六气之辩，以游无穷"，即游心于无穷的宇宙而超拔于流俗的考虑之外，这些都可以说达到了天地境界。这一意义的天地境界是比较踏实的。

以上略说中国哲学史上关于精神生活与精神境界的学说的几

种类型,虽然都是过去的了,但仍然是值得参照、值得研究的。

人与其他动物不同,不但有物质生活,而且有精神生活,不但追求本能的满足,而且追求真、善、美的精神价值。真是对于世界的正确的认识,善是适当处理人与人、人与物的关系,美是超本能的愉悦之感。在社会主义社会,人们摆脱了阶级剥削与不平等的权力压迫,应能逐渐消灭卑鄙与野蛮。人们应能实现高尚的精神生活。今天的社会中,拜金主义、个人享乐主义还比较流行,这些都是缺乏精神生活的表现。古代哲学家力求充实精神生活、提高精神境界的言论,仍然是具有启发意义的。

## 礼义与人心

《庄子》批评儒家"明乎礼义,而陋于知人心"(《庄子·田子方》)。这句话近年也常被引用。从儒家的著作来看,儒家是自以为知人心的。孟子认为得民心者得天下,"得天下有道:得其民,斯得天下矣;得其民有道:得其心,斯得民矣"(《孟子·离娄上》)。秦汉以来历代兴亡的历史都证实了这句话。儒家何尝不重视人心?在先秦时代论心较详的是孟、荀。孟子讲"恻隐之心,羞恶之心,辞让之心,是非之心",认为人心有所同然。"心之所同然者何也?谓理也,义也。"(《孟子·告子上》)而庄子却将人心与礼义对立起来,其所谓心的内容何在呢?

我曾见到一篇文章,引《庄子》"明乎礼义,而陋于知人心"而加以解释说:"人心,情也欲也。"但是人所共知,庄子是主张"无情"的,老子也宣扬"无欲"。"拔一毛而利天下,不为也"的杨朱,据《淮南子》说,是主张"全性葆真,不以物累形",也非追求情欲的满足的。所以,以为道家所谓人心是指情欲而言,是没有根据的。

从庄子的思想体系来看,以人心与礼义对立起来,乃是对于等级制度的批判。礼义肯定上下贵贱的等级区分,道家对于上下贵贱的等级区分表现了严肃的不满。《庄子·马蹄》说:"夫至德之世,同与禽兽居,族与万物并,恶乎知君子小人哉!同乎无知,其德不离;同乎无欲,是谓素朴。素朴而民性得矣。"庄子批评儒家"陋于知人心",确实具有深刻的含义。

道家反对等级制度,但又忽视了人人应该具有社会责任心。儒家强调社会责任心,而肯定了当时社会的等级差别,认为贵贱区分是合理的。这是中国思想史上的一项"两难"。只有到了现代,我们明确了个人与社会的真实关系,才有可能摆脱这项"两难法"。

# 意志自由

意志自由谓意志自己决定。我有所决定，如实际上是不得不如此决定，此为意志不自由；如可以不如此决定，而我如此决定，则为意志自由。意志不自由即意志仅能决定外界所已决定者。我不得不如此决定，实即我不得不如此行动，即外界决定我之行动。

行为如确有非属于下列各意义之必然者，则可谓意志自由：一、物理的必然；二、生命规律的必然；三、社会法律的必然；四、他人势力强迫之必然。如一行为，非由自然规律而不得不然，非由社会法律或他人势力而不得不然，则即由意志自己决定。

自然规律或外力所决定者常为一范围，在此范围之内可以有不同活动，就中选择，由于意志。

心之活动非完全由物决定。物所决定者为一相当广泛之范围。心之活动乃在物所决定之范围内之活动。在此范围之内，可彼可此。

人何以有意志？由于有生活需要。体内物质，亦有其一定的作用。是故人之行动非完全由外境所决定。

意志有所决定，必有其原因，亦必有其规律，然此规律乃是心之规律。

意志自由而非谓无原因。我如此决定，自然有其种种原因，如无此诸原因，我必不如此决定。而有此诸原因，我亦可不如此决定，而作另外的决定。此诸原因对于我的行动只是必要的而非充足条件。凡一行为，可以如此，可以不如此，此即意志相对的自由。

凡一行为可以如此可以不如此，则为自由。此有数情况：一、外力倾于令我如彼，而亦可不如彼，我终受外力左右而如彼；二、外力于如此如彼无所偏倾；三、外力倾于令我如彼，而我能反抗其倾向而如此。道德或追求理想的行为常如三。如一者，常即非道德。

一人须负道德责任，常在于：不能反抗外力而为外力所左右，不能支配欲望而为欲望所支配。

意志自由之表现：一、反抗外力（在外力可反抗的情况下）；二、反抗欲望冲动。第一点为人之所以异于无生物者，第二点为人之所以异于其他动物者。

谓一人须负道德责任，乃谓：在一般的物理情况、一般的环境状况、一般的身体情况下，一般人能如何行动，此人既无特殊原因，故应负责任。在一般的情况下，社会需要如何行动，社会中之成员例应能做到，如不能做到，便违道德。

# 价值观的基本问题

自古以来,世界上的各个文化区,都存在着关于价值观的论证。大致说来,古往今来的价值观有三大类:一是宗教的价值观,二是庸俗的价值观,三是哲学的价值观。宗教的价值观信仰上帝,以上帝为价值的源泉;庸俗的价值观追求声色货利,崇拜金钱或权势;哲学的价值观则摆脱了宗教的价值观,超越了庸俗的价值观,而展开了关于价值的理性思考。

哲学的价值观是围绕着义利、理欲与德力等问题而展开的。

孔子宣称"义以为上",孟子对梁惠王说:"王何必曰利?亦有仁义而已矣。"墨家则认为:"义,利也。"儒、墨关于义利关系的见解彼此对立,但儒家所谓利指个人私利而言,墨家所谓利指国家人民百姓之大利,两者所说利的意义不同。汉代董仲舒宣扬"正其义不谋其利,明其道不计其功",受到宋代理学家的称赞。叶适对此加以批评说:"既无功利,则道义者乃无用之虚语耳。"这肯定了功利的价值。西方哲学史上,康德的理性主义和边沁的功利主义是两个对立的典型。

宋代理学家强调"理欲之辩"。朱熹认为"学者须是革尽人欲,复尽天理,方始是学"。王守仁虽然反对朱子"析心与理为",但亦主张存理去欲,以为"只要去人欲,存天理,方是功夫"。这种理欲之辩的观点受到戴震的严厉批判。戴震提出,"理者存乎欲者也",强调理欲的统一。宗教多宣传禁欲主义,墨家提倡苦行,亦有禁欲的倾向。近人多谓宋明理学主张禁欲主义,实则理学家承认饮食婚嫁的必要,还不是禁欲主义,但他们忽视了人民改善物质生活的需要,确实失之偏颇。

德与力的问题也是价值观的重要问题。孟子推崇"以德服人",轻视"以力服人"。韩非则认为"古人亟于德,中世逐于智,当今争于力"。又说:"上古竞于道德,中世逐于智谋,当今争于气力。"强调了力的重要性。事实上,德与力都必要。由于儒家思想在中国传统文化中居于主导地位,因而中国文化表现了重德轻力的倾向,而西方文化中所谓"力之崇拜"比较盛行,近代尼采更宣扬"权力意志",更是"力之崇拜"的强烈表现。德与力的偏重也成为中西文化的显著差异。

在中国哲学史上,关于义利、理欲、德力的问题,也曾经有人提出正确的见解。关于义利问题,颜元主张"正其义以谋其利,明其道而计其功"。关于理欲问题,荀子主张"以道导欲"。关于德力问题,王充主张"德力具足"。这些都是正确且深切的，惜乎没有引起足够的重视。

对于理欲、义利、德力的争论，应做进一步的理论分析。从价值观来看，这些争论包含两个重要的理论问题：一是个体与群体的关系，二是物质生活与精神生活的关系。儒家重义轻利，重理轻欲，重德轻力，主要是因为儒家认为群体（社会、国家、民族）高于个体（个人）、精神价值（道德、学术）高于物质价值（饮食、居室、金钱、势利）。墨家强调个人牺牲精神，道家则鼓吹个人的精神自由。墨家肯定群体高于个体，道家则高扬个体的重要。墨家兼重人民的物质生活的改善与精神生活的提高，道家则鄙夷物质生活，专一追求超越的精神生活。个人与群体的关系问题，精神生活与物质生活的关系问题，是价值观的核心问题。

社会是个人组成的，而个人不能脱离社会而存在。群体与个人是相互依存的。群体利益是个体利益的总和，离开群体利益亦无个体利益。群体与个人，可以说是公与私的关系。"公""私"二字都有两重含义。真正的群体共同利益可谓之公，但自古及今，掌握最高权力的人将其个人利益冒充为群体的共同利益，"以我之大私为天下之大公"（黄宗羲《明夷待访录》），名为公而实为私。然后群体（社会、国家、民族）也确实具有真实的共同利益。凡个人之事都可谓之私事，这私只是个人之意。为了个人的利益而损害群体的利益，亦谓之私，这是损公肥私之私，应加以否定。应该肯定，公利大于私利，群体大于个体。总体必然大于其中的任何部分，所以，群体高于个体，但也不能忽视其中的个体。

关于物质生活与精神生活的关系情况更比较复杂。一方面，物质生活是精神生活的基础，这是客观的事实。《管子》说："仓廪实则知礼节，衣食足则知荣辱。"孔子论治国之道，认为应先"富之"而后"教之"。孟子亦说："明君制民之产，必使仰足以事父母，俯足以畜妻子，乐岁终身饱，凶年免于死亡。然后驱而之善，故民之从之也轻。今也制民之产，仰不足以事父母，俯不足以畜妻子，乐岁终身苦，凶年不免于死亡。此惟救死而恐不赡，奚暇治礼义哉？"也肯定衣食是礼义的基础。这是人们所共同承认的。儒家肯定温饱是礼义的基础，而又特别强调道德的崇高价值，认为可以为实行道德而牺牲个人生命。孔子说："志士仁人，无求生以害仁，有杀身以成仁。"孟子说："生，亦我所欲也；义，亦我所欲也。二者不可得兼，舍生而取义者也。"何以仁贵于身，义重于生呢？孔子没有讲，仅表述了道德重于生命的情感。孟子提出"所欲有甚于生者""所恶有甚于死者"，并举例说："一箪食，一豆羹，得之则生，弗得则死，呼尔而与之，行道之人弗受；蹴尔而与之，乞人不屑也。"（《孟子·告子上》）这即表示，"所欲有甚于生者"，是人格的尊严；"所恶有甚于死者"，是人格的屈辱。《礼记·儒行》更有"士可杀不可辱"的训语。儒家将人格尊严看作最宝贵的，肯定精神生活高于物质生活。那么，精神生活高于物质生活的理由何在呢？

孟子提出"体有贵贱"之说，他说："体有贵贱，有小大。无以小害大，无以贱害贵。养其小者为小人，养其大者为大人。……养其一指而失其肩背，而不知也，则为狼疾人也。饮食之人，则人贱之矣。为其养小以失大也。"如何分别体之贵贱呢？孟子以为："耳目之官不思，而蔽于物。物交物，则引之而已矣。心之官则思，思则得之，不思则不得也。此天之所与我者，先立乎其大者，则其小者不能夺也。"（《孟子·告子上》）孟子区别了耳目之官与心之官，以耳目为小，以心为大，也就是肯定思维高于感觉。这是儒家肯定精神生活高于物质生活的主要理由。现在看来，孟子的这一观点还是可以成立的。感觉是人与鸟兽所共同具有的，思维则是人所独具的特性，所以应肯定思维的可贵。

道家不承认事物的价值区别，宣扬"齐物"。《庄子·秋水》云："以道观之，物无贵贱；以物观之，自贵而相贱。"《齐物论》云："天下莫大于秋毫之末，而泰山为小；莫寿于殇子，而彭祖为夭。天地与我并生，而万物与我为一。"这认为一切差别都是相对的，而贵贱的区分都是主观的。但是，实际生活中总要有所取舍，《秋水》篇中河伯问道："然则我何为乎？何不为乎？吾辞受趣舍，吾终奈何？"北海若答："以道观之，何贵何贱，是谓反衍。……万物一齐，孰短孰长？……何为乎？何不为乎？夫固将自化。"意谓一切要任其自然。于是河伯又问道:"然则何贵于道邪?"北海若答:"知道者,必达于理;达于理者,必明于权;明于权者,不以物害己。……言察乎安危,宁于祸福,谨于去就,莫之能害也。"还是要"察乎安危""谨于去就",还要有所选择。这就证明,价值区分还是不能避免的。庄子讲"齐物",但《逍遥游》首先描述了大鹏之大与小鸟之小。《秋水》记载庄子与惠子的对话,庄子以鹓自比:"非梧桐不止,非练实不食,非醴泉不饮",何尝认为"万物一齐"?这足以证明,价值选择是人类生活所不可避免的。道家反对封建社会上下贵贱的等级差别,是正确的,但是否定一切价值选择,就不能自圆其说了。

物质生活所追求的是物质价值。精神生活所追求的是精神价值。真、善、美都是精神价值,精神价值高于物质价值,这是应该肯定的。

从物质与精神的关系来说,物质是本原的,而精神是物质发展的最高成果。从存在与思维的关系来说,存在先于思维,而思维是存在所产生的最美的花朵。恩格斯在《自然辩证法》中曾称"思维着的精神"是物质"在地球上的最美的花朵"(《马克思恩格斯选集》第三卷)。这是一个非常精湛的观点。

# 真善美的价值

人们经常称道的真、善、美，都具有功用价值，也有内在价值。

"真"的价值即是正确的认识的价值。其有两层含义：一是真知有益于解决生活中的实际问题，因而具有较高的价值。例如，自然科学知识和以科学为依据的技术，都是重要生产力，能满足生产的需要，所以具有功用价值。二是也有一些真的知识，虽并无直接用处，与生产技术没有直接联系，但如其是客观实际的正确反映，也就有一定的内在价值。真知是对无知、浅知而言，克服了无知，超越了浅知，即具有高度的价值。中国古代对于知识采取了狭隘的实用主义态度，如荀子说："'万物之怪，书不说。'无用之辩，不急之察，弃而不治。若夫君臣之义，父子之亲，夫妇之别，则日切磋而不舍也。"（《荀子·天论》）把对于万物的探究都看作"无用之辩，不急之察"，于是自然科学没有受到应有的重视。这一历史教训是值得记取的。

"善"是道德的价值。道德也是既有功用价值,又有内在价值。一方面,道德是为了满足社会的需要而设立的。荀子有见于此,认为:"况夫先王之道,仁义之统,诗书礼乐之分乎!彼固为天下之大虑也,将为天下生民之属,长虑顾后而保万世也。"(《荀子·荣辱》)这就是说,道德是为了社会生活的长远利益而制定的。在历史上,不同的阶级都从其实际的阶级利益而引出道德,这表现了道德的功用价值。另一方面,道德又是人区别于其他生灵的主要特征。人们实行道德,不是为了追求实际利益,而是为了保持人的尊严。南北朝时人刘孝标在《辩命论》中说:"善人为善,焉有息哉?……修道德、习仁义、敦孝悌、立忠贞,渐礼乐之腴润,蹈先王之盛则。此君子之所急,非有求而为也。"这就是说道德不是手段,而是确定的目的,这是道德的内在价值。

"美"是艺术的价值,而人类的艺术起源于对自然美的模仿。美亦既有功用价值,又有内在价值。美可以作为娱乐的手段,这是美的功用价值;美能陶冶人的性情,这是美的内在价值。美不能满足人的物质需要,美的风景、美的音乐、美的绘画,寒不能当衣,饥不能当食。所以《老子》说"圣人为腹不为目",墨子主张"非乐"。然而美可以将人引入高尚的精神境界。孟子说:"饱食、煖衣、逸居而无教,则近于禽兽。"(《孟子·滕文公》)如果饱食暖衣之后接受美育,便可以有高尚的情趣，而远于禽兽了。这是美的内在价值。

真、善、美都是人所追求的。如果一切价值都只是功用价值，则一切事物都只是满足需要的工具。事实上，人类生活之中，除了许多天然的和人造的工具之外，还有一些事情为人类所追求。工具是为达到一定目的而使用的。人生之所求不仅是新的工具，而是要达到一定的目的。真、善、美就是人类在生活上所追求的最高目的。

# 性善与性恶

人性，是中国哲学中一个重大问题，历来讨论不休，派别亦极分歧。有许多学者，在别的哲学问题上并无贡献，但在人性论上颇有所见。可以说：人性的问题，得到了普遍的注意，且非关于人生的其他问题所能比。现在研讨历来的性论，首先应注意的，是各家所谓性之本义。不先明白一家所谓性者之本义，则其理论的真实内容，是必无从了解的。

第一个讲性的，是孔子。孔子曾说：

> 性相近也，习相远也。（《论语·阳货》）

孔子所谓性，乃与习相对的。孔子不以善恶讲性，只认为人的天性都是相近的，所来的相异，皆由于习。孔子又说过："唯上智与下愚不移。"（同上）于是有人认为孔子乃主张性有三品。不过既讲"性相近"，则非有三品可知。所谓上智下愚，原非论性，而是讲才智的差别，性本不可以智愚来说。在《论语》中，这实是相离的两章，未可并为一谈。

孔子以后，孟子乃以善言性。于是性之是善是恶，遂成为以后论性的主要争点了。

孟子讲性善，荀子讲性恶，适相对垒。不过孟子所谓性与荀子所谓性，实有大异。

孟子以为性中有仁义礼智四端，仁义礼智四种根本善，在性中已具其端，乃性所固有，非本来无有而勉强练成的。孟子说：

> 恻隐之心，人皆有之；羞恶之心，人皆有之；恭敬之心，人皆有之；是非之心，人皆有之。恻隐之心，仁也；羞恶之心，义也；恭敬之心，礼也；是非之心，智也。仁义礼智，非由外铄我也，我固有之也。（《告子上》）

> 人皆有不忍人之心。……所以谓人皆有不忍人之心者，今人乍见孺子将入于井，皆有怵惕恻隐之心。非所以内交于孺子之父母也，非所以要誉于乡党朋友也，非恶其声而然也。……恻隐之心，仁之端也；羞恶之心，义之端也；辞让之心，礼之端也；是非之心，智之端也。人之有是四端也，犹其有四体也。有是四端而自谓不能者，自贼者也。（《公孙丑上》）

人皆有恻隐、羞恶、辞让、是非之心，乃仁义礼智之端，都是人所固有，随时而发现，无待于习。孟子又云：

> 人之所不学而能者，其良能也；所不虑而知者，其良知也。孩提之童，无不知爱其亲者；及其长也，吾不知敬其兄也。亲亲，仁也；敬长，义也。（《尽心上》）

仁义是人之良知良能，乃不待学不待虑的；一切道德，皆出于人之性。

然后性中不过有仁义礼智之端而已，性有善端，岂得即谓性善？而且性固有善端，未必无恶端。今不否证性有恶端，仅言性有善端，何故竟断为性善？孟子亦尝说：

> 人之所以异于禽兽者几希，庶民去之，君子存之。（《离娄下》）

> 人之有道也，饱食、煖衣、逸居而无教，则近于禽兽。（《滕文公上》）

既谓"人之所以异于禽兽者几希"，则孟子以为人之与禽兽，所异者不若所同者之多，是孟子并不否认人有不善的性质，即与禽兽相同的性质。又谓"无教，则近于禽兽"，便更可以见了。然则何以仍讲性善？此由于孟子所谓性者，实有其特殊意谓。孟子所谓性者，正指人之所以异于禽兽之特殊性征。人之所同于禽兽者，不可谓为人之性；所谓人之性，乃专指人之所以为人者，实即是人之"特性"，而任何一物之性，亦即该物所以为该物者。所以孟子讲性，最注重物类之不同。孟子说：

> 生之谓性也……然则犬之性犹牛之性，牛之性犹人之性与？（《告子上》）

> 故凡同类者，举相似也，何独至于人而疑之？圣人与我同类者。（同上）

圣人最能表现人之所以为人者，然圣人亦是人，圣人所有之性，亦即人人所有之性。孟子又尝说：

> 由是观之，无恻隐之心，非人也；无羞恶之心，非人也；无辞让之心，非人也；无是非之心，非人也。（《公孙丑上》）

此四种心，是人之所以为人者，无其一便失人之所以为人，即可以说是非人了。

孟子又分别大体与小体，大体是人之所以为人者，小体即与禽兽相同者。孟子说：

> 体有贵贱，有小大。无以小害大，无以贱害贵。养其小者为小人，养其大者为大人。今有场师，舍其梧槚，养其樲棘，则为贱场师焉。养其一指而失其肩背，而不知也，则为狼疾人也。饮食之人，则人贱之矣，为其养小以失大也。（《告子上》）

> 从其大体为大人，从其小体为小人。……耳目之官不思，而蔽于物。物交物，则引之而已矣。心之官则思，思则得之，不思则不得也，此天之所与我者。先立乎其大者，则其小者不能夺也。此为

大人而已矣。（同上）

所谓大体即是心，而性即在于心。孟子又说：

> 口之于味也，有同耆焉；耳之于声也，有同听焉；目之于色也，有同美焉。至于心，独无所同然乎？心之所同然者何也？谓理也，义也。圣人先得我心之所同然耳。故理义之悦我心，犹刍豢之悦我口。（同上）

心之所同然也，是理义。理义即所谓性。人之心好理义，乃人之所以为人者。至于口好味，耳好声，目好色，虽是人生来的本能，但非人之所以为人者，故不得谓为人之性。孟子又说：

> 口之于味也，目之于色也，耳之于声也，鼻之于臭也，四肢之于安佚也，性也，有命焉，君子不谓性也。仁之于父子也，义之于君臣也，礼之于宾主也，知之于贤者也，圣人之于天道也，命也，有性焉，君子不谓命也。（《尽心上》）

> 广土众民，君子欲之，所乐不存焉；中天下而立，定四海之民，君子乐之，所性不存焉。君子所性，虽大行不加焉，虽穷居不损焉，分定故也。君子所性，仁义礼智根于心，其生色也睟然，见于面，盎于背，施于四体，四体不言而喻。（同上）

味色声臭之欲，亦皆生而有，然君子不谓之性；君子所认为性者，乃是仁义礼智诸德。于此孟子更彰明较著地讲他所谓性不是指生来的本能，而是专指人之所以为人者之特殊了。

此种人之所以为人之特征，实非已完成的，而仅是萌芽，故孟子称之为"端"。性中所有者，不过仁义礼智之端。孟子说：

> 凡有四端于我者，知皆扩而充之矣。若火之始然，泉之始达。苟能充之，足以保四海；苟不充之，不足以事父母。（《公孙丑上》）

不充则"不足以事父母"，可见只是一点萌芽。人之所以为人之特征，其实不过"几希"，是有待于扩充的。所谓端，亦即实在的可能。孟子又说：

> 乃若其情，则可以为善矣，乃所谓善也。若夫为不善，非才之罪也。……故曰"求则得之，舍则失之"。或相倍蓰而无算者，不能尽其才者也。（《告子上》）

所谓才，即天赋之可能，亦即生来之"可以为善"之因素。所谓性善者，乃谓人生来即有为善之可能。孟子又说：

> 虽存乎人者，岂无仁义之心哉？其所以放其良心者，亦犹斧斤之于木也，旦旦而伐之，可以为美乎？其日夜之所息，平旦之气，其好恶与人相近也者几希，则其旦昼之所为，有梏亡之矣。梏之反覆，则其夜气不足以存；夜气不足以存，则其违禽兽不远矣。人见其禽兽也，而以为未尝有才焉者，是岂人之情也哉？（同上）

"仁义之心"或"良心",即人之所以为人之心。"平旦之气"或"夜气",即在夜中或平旦初醒时,人之所以为人者之发现。此以"才"与"其禽兽"相对待,可见才正指人之所以为人之天赋可能,亦即人之所以异于禽兽之要素。"以为未尝有才"者,即以为未始有异于禽兽之要素。人有此种要素,而亦有与禽兽相同的本能行为,且此类本能甚有势力;如不能扩充异于禽兽的要素,则此种要素即将被同于禽兽的本能行为所梏亡。初时犹有平旦之气或夜气,久之则夜气亦不存,便离禽兽不远了。然而并非原无异于禽兽的要素。

孟子所谓性,指人之所以为人的特性,而非指人生来即有的一切本能。孟子实不赞成以生而完具的行为性。他说:

> 天下之言性也,则故而已矣。故者以利为本。(《离娄下》)

故是已然之形态。论性者多以生来已然之形态为性,则必以利为人性之根本了。其实与禽兽相同的本能,不可算作人性。人性乃生来而有的人之所以为人之特殊可能,如以此种可能为性,则可见仁义方是性之根本。(《孟子》此段,自来解者多不得其旨,唯陆象山《语录》中所解颇好。象山云:"当孟子时,天下无能知其性者。其言性者,大抵据陈迹言之,实非知性之本,往往以利害推说耳,是反以利为本也。")

要之,孟子所谓性善,并非谓人生来的本能都是善的,乃是说人之所以为人的特殊要素即人之特性是善的。孟子认为人之所以异于禽兽者,在于生来即有仁义礼智之端,故人性是善。

荀子主性恶,认为人之性是好利多欲的,性中并无礼义,一切善的行为都是后来勉强训练而成。荀子说:

> 人之性恶,其善者伪也。今人之性,生而有好利焉,顺是,故争夺生而辞让亡焉;生而有疾恶焉,顺是,故残贼生而忠信亡焉;生而有耳目之欲,有好声色焉,顺是,故淫乱生而礼义文理亡焉。然则从人之性,顺人之情,必出于争夺,合于犯分乱理而归于暴。故必将有师法之化,礼义之导,然后出于辞让,合于文理,而归于治。用此观之,然则人之性恶明矣,其善者伪也。(《性恶》)

伪即人为。凡性之所有,都是恶的;善是人为,是后起的。道德皆性之改造。荀子又说:

> 今人无师法,则偏险而不正;无礼义,则悖乱而不治。古者圣王以人之性恶,以为偏险而不正,悖乱而不治。是以为之起礼义、制法度,以矫饰人之情性而正之,以扰化人之情性而导之也。始皆出于治,合于道者也。(《性恶》)

> 今当试去君上之势,无礼义之化,去法正之治,无刑罚之禁,倚而观天下民人之相与也。若是,则夫强者害弱而夺之,众者暴寡而哗之,天下之悖乱而相亡不待顷矣。用此观之,然则人之性恶明矣,其善者伪也。(同上)

有后起的道德规律以约束人的性情,然后方能治而不乱;如除去一切约束制裁，则天下将立刻大乱了。由此可证人之本性是恶的，而善乃出于勉强。

然而人之性既是可"矫饰"，可"扰化"，能受"正"受"导"，有"师法之化，礼义之导"之后，便能"出于辞让，合于文理"，则人仍是有善的可能。既有善的可能，何以竟谓为性恶？此点荀子并非不知，荀子曾自设为难者诘问道：

问者曰：人之性恶，则礼义恶生？（《性恶》）

问者曰：礼义积伪者，是人之性，故圣人能生之也。（《同上》）

荀子又明说过：

涂之人可以为禹。（同上）

人有善之可能，是荀子所承认的。但何以仍讲性恶？于此，当知荀子所谓性之意谓。荀子曾再三为性字立界说，并为伪字立界说，如云：

凡性者，天之就也。（同上）

生之所以然者谓之性。（《正名》，以与已同）

不事而自然谓之性。（同上）

情然而心为之择谓之虑,心虑而能为之动谓之伪。虑积焉、能习焉而后成,谓之伪。(同上)

荀子所谓性,乃指生而完成的性质或行为,所以说是"天之就""生之所以然""不事而自然"。生来即完具、完全无待于练习的,方谓之性,性不是仅仅一点可能倾向;只是一点萌芽,尚须扩充而后完成的,便不当名为性。生而完成者谓之性;生而不论有萌芽与否,待习而后完成者,都是伪。由此看来,荀子所谓性,与孟子所谓性,实截然两事。孟子言性,用端字用才字,具见萌芽可能之意;据荀子的界说讲,须"扩而充之","如不充之,则不足以事父母",那便是"虑积焉、能习焉而后成",自然不是性。所谓端,当然也不能说是伪,但绝不在性中。所以荀子批评孟子道:

孟子曰:人之学者,其性善。曰:是不然。是不及知人之性,而不察乎人之性、伪之分者也。凡性者,天之就也,不可学,不可事;礼义者,圣人之所生也,人之所学而能,所事而成者也。不可学、不可事而在人者,谓之性;可学而能、可事而成之在人者,谓之伪,是性、伪之分也。今人之性,目可以见,耳可以听。夫可以见之明不离目,可以听之聪不离耳,目明而耳聪,不可学明矣。(《性恶》)

据荀子的性、伪的界说看,当然可以说孟子不知性、伪之分,其实也可以说荀子不知孟子所谓性之意谓。

孟子所讲四端，既非完成，又易丧失，如不加扩充，便等于无有。所以荀子又批评孟子道：

> 孟子曰：今人之性善，将皆失丧其性故也。曰：若是，则过矣。今人之性，生而离其朴，离其资，必失而丧之。用此观之，然则人之性恶明矣。所谓性善者……使夫资朴之于美，心意之于善，若夫可以见之明不离目，可以听之聪不离耳。（同上）

性的丧失，何故如彼其易？这种生而辄离的性，只见其非性而已。性之于善，必须如目之于明，耳之于聪，无待扩充而不易丧失，然后乃可谓性善，否则实不当以善为性。荀子认为凡善者皆有待于学习，恶则不事而自然，故说：

> 若夫目好色，耳好声，口好味，心好利，骨体肤理好愉佚，是皆生于人之情性者也；感而自然，不待事而后生之者也。夫感而不能然，必且待事而后然者，谓之生于伪。（同上）

好色、好利等，是不待事而自然的，故是性；礼义等是必待事而后然的，故不是性。性不只是萌端，须学而完成的便非性。

孟子认为人人可以为圣人，荀子也认为人人可以为圣人。荀子很承认人有善之可能，如说：

> 汤武存，则天下从而治，桀纣存，则天下从而乱。如是者，岂非人之情，固可与如此，可与如彼也哉？（《荣辱》）

> "涂之人可以为禹",曷谓也。曰:凡禹之所以为禹者,以其为仁义法正也。然则仁义法正有可知可能之理,然而涂之人也,皆有可以知仁义法正之质,皆有可以能以仁义法正之具,然则其可以为禹明矣。……其可以知之质,可以能之具,其在涂之人明矣。(《性恶》)

人人皆有为善之可能,但可能虽有,而不得谓之性。"可以知仁义法正之质""可以能仁义法正之具",依荀子的性之界说,非在性中。故荀子又说:

> 然则礼义积伪者,岂人之性也哉?(《性恶》)

> 人无师法则隆性矣,有师法则隆积矣。……性也者,吾所不能为也,然而可化也;情也者,非吾所有也,然而可为也。注错习俗,所以化性也;并一而不二,所以成积也。(《儒效》)

性是可化的,一切善都是性的改造。

平常人之有礼义,是由于圣人的教化。圣人自己如何?荀子以为圣人的性也是恶的,其所以成圣,也是积伪的结果。荀子说:

> 凡人之性者,尧舜之与桀跖,其性一也;君子之与小人,其性一也。(《性恶》)

> 故圣人化性而起伪,伪起而生礼义,礼义生而制法度。然则礼

义法度者，是圣人之所生也。故圣人之所以同于众，其不异于众者，性也；所以异而过众者，伪也。（同上）

君子……通则大明，身死而名弥白，小人莫不延颈举踵而愿曰：知虑材性，固有以贤人矣。夫不知其与己无以异也。则君子注错之当，而小人注错之过也。（《荣辱》）

尧、禹者，非生而具者也；夫起于变故，成乎修为，待尽而后备者也。（同上）

积善而全尽，谓之圣人。彼求之而后得，为之而后成，积之而后高，尽之而后圣。故圣人也者，人之所积也。（《儒效》）

圣人之性无异于众，由化性而创礼义法度，并非生而即圣。礼义之起，乃由于积虑，故又说：

圣人积思虑，习伪故，以生礼义，而起法度。（《性恶》）

情然而心为之择谓之虑，心虑而能为之动谓之伪。（《正名》）

道德之起，皆由于心之抉择。圣人深知从情顺性必致悖乱，考虑抉择的结果，乃发明出种种的道德规范来。

荀子讲性恶，也并非以为性至恶，人到至恶的地步，也是积成的。荀子说：

> 凡人有所一同。……可以为尧舜，可以为桀跖……在埶注错习俗之所积耳。（《荣辱》）

桀跖也不是生而然的。

孟子言性善，乃谓人之所以为人的特质是仁义礼智四端。荀子言性恶，是说人生而完具的本能行为中并无礼义，道德的行为皆必待训练方能成功。孟子所谓性，与荀子所谓性，实非一事。孟子所注重的，是性须扩充；荀子所注重的，是性须改造。虽然一主性善，一主性恶，其实亦并非完全相反。究竟言之，两说未始不可以相容，不过两说实有其很大的不同。

# 动与静

动与静,也是人生论中一个重要问题。最初提起这个问题者,是道家。儒家与墨家的思想,虽然倾向于动,但都没有关于动的理论,也没有反对静的话。道家不赞成儒、墨的动,而主张虚静或清静,后来影响甚大,儒家亦受其影响。宋明道学中,周子主静,程朱陆王都讲动静合一;清代的王船山、颜习斋则主动。

最先讲静者,是老子。老子说:

> 致虚极,守静笃,万物并作,吾以观复。(《上篇》)

> 重为轻根,静为躁君。(同上)

> 不欲以静,天下将自定。(同上)

> 躁胜寒,静胜热,清静为天下正。(《下篇》)

老子主张柔弱无为，自然要反对动，而以静为生活之准则了。

《庄子·内篇》不甚言静，但所说"心斋"（《人间世》）、《坐忘》（《大宗师》），都是主静的表现。又讲"形如槁木，心如死灰"（《齐物论》），更是主静到极点了。

《庄子·外篇》乃颇言静，《外篇》云：

> 圣人之静也，非曰静也善，故静也；万物无足以铙心者，故静也。水静则明烛须眉，平中准，大匠取法焉。水静犹明，而况精神？圣人之心静乎！天地之鉴也，万物之镜也。夫虚静恬淡，寂漠无为者，天地之平而道德之至。（《天道》）

圣人之静，是自然的，非出勉强。能静，则明照一切，而尽烛天地万物的情状。

北宋周子最注重静，他以静为生活理想的一个根本准则。周子说：

> 圣人定之以中正仁义，而主静，立人极焉。（《太极图说》）

"人极"犹言人生表准。主静是人生表准之一个要素。周子又讲慎动。他说：

> 动而正曰道，用而和曰德；匪仁匪义匪礼匪智匪信，悉邪也。邪动，辱也；甚焉，害也。故君子慎动。（《通书》）

> 吉凶悔吝生乎动。噫！吉一而已，动可不慎乎？（同上）

动而正是不容易的，动而吉亦极难；所以动实在不可以不谨慎。

二程子受学于周子，受周子影响颇大，也都颇有重静的倾向。程明道尝说："性静者可以为学。"（《外书》一）程伊川见人静坐，便叹其善学。但二程并不完全主静，他们认为专主静也有一偏，所以不讲静，而讲定与敬。明道说：

> 所谓定者，动亦定，静亦定，无将迎，无内外。（《答横渠张子厚先生书》）

理想生活是内外合一，动静皆定，而不必专主静。

伊川说：

> 敬则自虚静，不可把虚静唤做敬。居敬则自然行简，若居简而行简，却是不简。（《语录》十五）

敬是主要原则。敬包括静，而无静之流弊。

《程氏遗书》中《二先生语录》有云：

> 前日思虑纷扰，又非义理，又非事故，如是则只是狂妄人耳！惩此以为病，故要得虚静。其极，欲得如槁木死灰，又却不是。盖人，活物也，又安得为槁木死灰？既活，则须有动作，须有思虑，必欲为槁木死灰，除是死也！（二上）

人是活的，不能不动，欲为槁木死灰，不惟不应该，且亦不可能。

朱子关于动与静的问题,讲得颇多,亦不赞成完全主静。《语类》云:

> 问:存养多用静否?曰:不必然。孔子却都就用处教人做工夫。今虽说主静,然亦非弃事物以求静。既为人,自然用事君亲,交朋友,抚妻子,御僮仆。不成捐弃了,只闭门静坐,事物之来,且曰:候我存养……动时也有静,顺理而应,则虽动亦静也。……事物之来,若不顺理而应,则虽块然不交于物以求静,心亦不能得静。惟动时能顺理,则无事时能静;静时能存,则动时得力。须是动时也做工夫,静时也做工夫。两莫相靠,使工夫无间断,始得。若无间断,静时固静,动时心亦不动,动亦静也。若无工夫,则动时固动,静时虽欲求静,亦不可得而静,静亦动也。(十二)

须以顺理为主,能顺理而应物,则虽动亦静。不能顺理而应物,则虽静亦动。要动静都做工夫,不可只守静而不动。朱子又说:

> 如何都静得?有事须著应。人在世间,未有无事时节,要无事,除是死也。自早至暮,有许多事。不成说事多扰乱,我且去静坐!敬不是如此。若事至前,而自家却要主静,顽然不应,便是心都死了。(同上)

> 学问临事不得力,固是静中欠却工夫。然欲舍动求静,又无此理。(《答吴伯丰》)

>所论为学之意，善矣。然欲专务静坐，又恐堕落那一边去。（《答潘子善》）

舍动求静，专务静坐，实不适当。朱子又说：

>夫人心活物，当动而动，当静而静，不失其时，则其道光明。是乃本心全体大用，如何须要栖之澹泊，然后为得？（《答许顺之书》）

心该摄动静，如废动守静，则于心之全体大用有亏了。朱子虽然反对专一主静，但究竟亦甚注重静，在动、静二者中，认为静是本。朱子说：

>若以天理观之，则动之不能无静，犹静之不能无动也；静之不可不养，犹动之不可不察也。……然敬字工夫，通贯动静，而必以静为本。（《答张敬夫书》）

静中存养，动中省察，不容间断，但静是基本。朱子又说：

>人身只有个动静：静者养动之根，动者所以行其静。（《语类》十二）

静以养动之根，动以行其静，动静相济。这是朱子关于动与静的思想之中心观念。

陆象山亦反对舍动求静，认为只应分是非，不必别动静。象山说：

《记》曰:"人生而静,天之性也;感于物而动,性之欲也。"若是,则动亦是,静亦是,岂有天理物欲之分?若不是,则静亦不是,岂有动静之间哉?(《语录》)

是则动静俱是,非则动静俱非,并非静是而动非。

二程朱陆虽都不赞成废动守静,但亦皆甚注重静,以静坐为重要修养工夫之一。到明代陈白沙,乃更完全回到周子的主静,专以守静为工夫。白沙说:

为学须从静坐中养出个端倪来,方有商量处。(《与贺克恭》)

善学者,主于静以观动之所本。(《明儒学案》卷五《白沙学案一》)

白沙的思想,实与道家最近;这主静的学说,更完全是道家的思想了。

王阳明讲动静合一,注重事上磨练,不赞成舍动求静。他所说大致同于朱子及象山。阳明说:

心,无动静者也。其静也者,以言其体也;其动也者,以言其用也。故君子之学,无间于动静。其静也,常觉而未尝无也,故常应。其动也,常定而未尝有也,故常寂。常应常寂,动静皆有事焉,是之谓集义。集义故能无祗悔,所谓"动亦定,静亦定"也。心一而已,静,其体也,而复求静根焉,是挠其体也;动,其用也，而惧其易动焉，是废其用也。故求静之心即动也，恶动之心非静也，是之谓"动亦动，静亦动"，将迎起伏，相寻于无穷矣。故循理之谓静，从欲之谓动。……故循理焉，虽酬酢万变，皆静也。（《答伦彦式书》）

静是心之体，动是心之用，固应存此体，亦不当废其用。静时常觉而常应，动时常定而常寂。体用一原，动静无间，不可废动而守静。阳明又说：

> 静时念念去人欲、存天理，动时念念去人欲、存天理，不管宁静不宁静。若靠那宁静，不惟渐有喜静厌动之弊，中间许多病痛，只是潜伏在，终不能绝去，遇事依旧滋长。以循理为主，何尝不宁静？以宁静为主，未必能循理。（《传习录》）

只知守静，必有喜静厌动之弊，且不能实际克除疵病。静时虽若已无病痛，遇事便依然出现了。《传习录》又云：

> 问：静时亦觉意思好，才遇事便不同。如何？曰：是徒知静养而不用克己工夫也。如此，临事便要倾倒。人须在事上磨，方立得住，方能静亦定，动亦定。

只知养静是不足的，而必须在事上磨练。阳明又说：

> 须在事上磨练做工夫，乃有益。若只好静，遇事便乱，终无长进。那静时工夫，亦差似收敛，而实放溺也。（同上）

阳明事上磨练之说，可以说很注重动了。阳明之宗旨，是

"动静合一",他尝说:

> 动静只是一个。那三更时分空空静静的,只是存天理,即是如今应事接物的心;如今应事接物的心,亦是循此天理,便是那三更时分空空静静的心。故动静只是一个,分别不得。知得动静合一,释氏毫厘差处亦自莫掩矣。(同上)

动时的心即是静时的心,动时功夫即是静时功夫。动与静,实不必分别为二。

道家与佛家都讲静,周子兼采两家思想,立主静的学说,在宋明道学中,有极大的影响。程朱陆王都颇知主静之流弊,而讲动静合一,但究竟都是很注重静的。到清初,乃发生主动的思想。首唱主动之说者,是王船山。船山在宇宙论上认为有动无静,在人生论乃认为动是德行之本,而静乖于人生之理。船山说:

> 人莫悲于心死,则非其能动,万善不生,而恶积于不自知。欲相昵,利相困,习气相袭以安,皆重阴凝滞之气,闭人之生理者也。而或以因而任之,恬而安之,谓之为静,以制其心之动,而不使出与物感,则拘守幽暧,而丧其神明,偷安以自怡,始于笑言而卒于恐惧。甚哉!致虚守静之说,以害人心至烈也。(《周易外传》四上)

万善皆基于能动,不能动而安于静,则必至于丧其神明。船山又说:

> 圣贤以体天知化，居德行仁，只在一"动"字上。故恻隐、羞恶、辞让、是非之不相一而疑相碍者，合之于动，则四德同功矣。（《读四书大全说·孟子》）

> 惟君子积刚以固其德，而不懈于动；正其生理以正杀，正其大体以治小体。（《周易内传》三上）

天地之化动而无息，体天知化必须在动上，而道德更必以动为枢纽，不动则无以实行诸德了。人生应该不懈于动。船山又说：

> 知吉凶悔吝之生乎动也，则曰不动不生……无以胜之，而欲其不生，则将谓"稻麦生夫饥，丝麻生夫寒，君师生夫乱，父母生夫死"，亦奚为而不可？……如曰"无吉则无凶，无凶则无悔吝"，则莫如舍君子而野人。野人之吉凶，不出乎井庐者也，则莫如舍野人而禽鱼。禽鱼无所吉，而凶亦不先觉也，则莫如舍禽鱼而块土。至于块土，而吉凶悔吝之端泯，终古而颓然自若也。乃天既不俾我为块土矣，有情则有动。……天下日动而君子日生；天下日生而君子日动。动者，道之枢，德之牖也。（《周易外传》六）

必欲静而不动，便只有如块土。然而人非块土，实不得不动。

颜习斋主动更甚，他极反对静，认为唯常动方有良好生活。习斋说：

> 三皇五帝、三王周孔，皆教天下以动之圣人也，皆以动造成世道之圣人也。五霸之假，正假其动也。汉唐袭其动之一二以造其世也。晋宋之苟安，佛之空，老之无，周程朱邵之静坐，徒事口笔，总之皆不动也。而人才尽矣，圣道亡矣，乾坤降矣。吾尝言：一身动则一身强，一家动则一家强，一国动则一国强，天下动则天下强。盖自信其考前圣而不谬，俟后圣而不惑矣。(《言行录》)

动则强，不动则弱；强则足以有为，弱则不能有为。于一人言，唯动方有良好生活；对国家、天下言，唯动方有治平。习斋又说：

> 养身莫善于习动，夙兴夜寐，振起精神，寻事去做！行之有常，并不困疲，日益精壮。但说静息将养，便日就惰弱。(《言行录》)

> 宋人好言习静，吾以为今日正当习动耳。(《年谱》)

习斋最反对宋明道学家以静坐为修养之基本功夫，而主张以习动代习静。常习动则日益强壮，精神充足，而可以胜任艰巨的事业；常习静便日就惰弱了。宋儒专重内心涵养，习斋则特重身体的锻炼。

船山、习斋的思想，是道家及宋儒主静的学说之反响，其态度实与古代儒家相近。

# 人死与不朽

死亦是人生之一件重大的事情。死是人人之最后结局,无论生活是如何差殊,最后都是一死。到死,一切都完结了,停息了,生活中一切努力都无补了。所以一般人对于死都怀畏惧、厌憎,然又无可逃避。于是,对于死应持如何的态度?在思想家,亦成了一个重要问题。

对于死,当以古代儒家及道家的理论最为可述,后来的思想鲜能出乎他们的范围。儒家与道家对于死的态度大同而小异。儒家认为人生活一天,便要做一天应当做的事情,对于将来必至的死,不必关心,不必虑及。更以死为息,为一生努力之最后静息,如此则又何必恶死?道家认为死生都是自然变化之迹,由无生变而有生,由生变而为死,都是自然的,不必悦生而恶死,任其变化好了。儒家的见解基于其尽人事而听天命的态度,道家的见解则基于其自然论的思想。

孔子对于死，持不容心的态度。《论语》云：

> 敢问死，曰：未知生，焉知死！（《先进》）

在生活时，只应关心生，不必想到死；只当求知生，不必求知死。

《荀子·大略篇》载：

> 子贡问于孔子曰：赐倦于学矣，愿息事君。孔子曰：《诗》云："温恭朝夕，执事有恪。"事君难，事君焉可息哉！然则赐愿息事亲。孔子曰：《诗》云："孝子不匮，永锡尔类。"事亲难，事亲焉可息哉！然则赐愿息于妻子。孔子曰：《诗》云："刑于寡妻，至于兄弟，以御于家邦。"妻子难，妻子焉可息哉！然则赐愿息于朋友。孔子曰：《诗》云："朋友攸摄，摄以威仪。"朋友难，朋友焉可息哉！然则赐愿息耕。孔子曰：诗云："昼尔于茅，宵尔索绹，亟其乘屋，其始播百谷。"耕难，耕焉可息哉！然则赐无息者乎？孔子曰：望其圹，皋如也，巅如也，鬲如也，此则知所息矣。子贡曰：大哉，死乎！君子息焉，小人休焉。

此记载未必是事实，但总可以代表儒家对于死的态度。生活便应努力，唯有死方是静息。

孔子弟子曾子，确有认死为息的意思。《论语》云：

> 曾子有疾，召门弟子曰：启予足，启予手。《诗》云："战战兢兢，如临深渊，如履薄冰。"而今而后，吾知免夫！小子！

(《泰伯》)

死然后免去战战兢兢的谨慎勉力的态度。生活中战战兢兢地谨慎勉力，固可乐；死后能免除之，亦可安。《礼记》中《檀弓》又载：

> 曾子寝疾，病，乐正子春坐于床下，曾元、曾申坐于足，童子隅坐而执烛。童子曰：华而睆，大夫之箦与？子春曰：止！曾子闻之，瞿然，曰：呼？曰：华而睆，大夫之箦与？曾子曰：然。斯季孙之赐也，我未之能易也。元起易箦。曾元曰：夫子之病革矣，不可以变。幸而至于旦，请敬易之。曾子曰：尔之爱我也不如彼。君子之爱人也以德，细人之爱人也以姑息。吾何求哉？吾得正而毙焉，斯已矣。举扶而易之，反席未安而没。

将死之际，亦不肯一毫姑息：它无所求，唯求得正而毙。这也是儒家的重要态度。儒家不以死为意，所注重的是得其正而死，既将死则安于死，而在未死之前要尽力以求合于一定的原则。

《易传》云：

> 原始反终，故知死生之说。(《系辞上传》)

生则有死，正犹始则有终，乃自然变化之常理。

中国哲学家中论生死问题最详的是庄子。庄子由其自然论的观点立论，认死为变化之自然，与生虽不同，但皆是变化之一段

落,而不必贵贱悦憎于其间。庄子说:

> 死生,命也,其有夜旦之常,天也。人之有所不得与,皆物之情也。(《大宗师》)

生死犹如昼夜,都是自然变化而不得不然,乃人之所不得与,固不必容心。庄子又说:

> 予恶乎知说生之非惑邪?予恶乎知恶死之非弱丧而不知归者邪?丽之姬,艾封人之子也,晋国之始得之也,涕泣沾襟;及其至于王所,与王同筐床,食刍豢,而后悔其泣也。予恶乎知夫死者不悔其始之蕲生乎?(《齐物论》)

生不必悦,死不必恶。庄子亦尝以死为息,他说:

> 夫大块载我以形,劳我以生,佚我以老,息我以死。故善吾生者,乃所以善吾死也。(《大宗师》)

生是劳而死是息。生任自然,则能安于死了。庄子又说:

> 彼以生为附赘悬疣,以死为决痫溃痈;夫若然者,又恶知死生先后之所在?(同上)

生为气聚,比如赘疣,非有可乐;死为气散,比如决溃,非有可哀。要之,生死齐等。庄子说:

> 以死生为一条。(《德充符》)

> 孰能以无为首，以生为脊，以死为尻，孰知生死存亡之一体者？（《大宗师》）

能如此则"死生无变于己"（《齐物论》），"死生亦大矣，而不得与之变"（《德充符》），而"不知说生，不知恶死"（《大宗师》）。《庄子·外篇》载：

> 庄子妻死，惠子吊之，庄子方箕踞鼓盆而歌。惠子曰：与人居，长子，老身，死，不哭，亦足矣！子鼓盆而歌，不亦甚乎？庄子曰：不然。是其始死也，我独何能无概然？察其始，而本无生；非徒无生也，而本无形；非徒无形也，而本无气。杂乎芒芴之间，变而有气，气变而有形，形变而有生；今又变而之死，是相与为春秋冬夏四时行也。人且偃然寝于巨室，而我噭噭然随而哭之，自以为不通乎命，故止也。（《至乐》）

由无生变而有生，由有生化而之死，皆是变化之自然，须与春夏秋冬四时行作同等观。由无生而有生不悲，则相等的变化，由生化而无生，亦何必悲？庄子认为生死是自然的变化，这是正确的，但他否认了生命的价值，认为生死齐等，便错误了。

《庄子·外篇》中关于死的思想，与《内篇》一致。《外篇》云："生之来不能却，其去不能止。"（《达生》）生死是不能逃避的。必从而悦之恶之，转是一苦。《外篇》又云：

> 明乎坦途，故生而不悦，死而不祸，知终始之不可故也。

(《秋水》)

知有始必有终不可停留之理，便不悦生而憎死了。《外篇》又云：

> 生者，假借也；假之而生生者，尘垢也。死生为昼夜。（《至乐》）

> 生也死之徒，死也生之始，孰知其纪？人之生，气之聚也。聚则为生，散则为死。若死生为徒，吾又何患？故万物一也。（《知北游》）

> 死生有待邪？皆有所一体。（同上）

生只是暂时的，生必终于死。生死只是气之聚散，气之聚散无已，物之生死无已：方生方死，方死方生，以形成物类变化之流。生死虽对待，而实有其统一。实际上，生死虽有其一体，亦有其区别。恶死虽然不必，悦生仍是应该的。

汉代扬子云尝论生死云：

> 有生者必有死，有始者必有终，自然之道也。（《法言·君子》）

生死乃必然，不可求长生不死。扬子又云：

> 或曰：人有齐死生，同贫富，等贵贱，何如？曰：作此者，

其有惧乎？信死生齐，贫富同，贵贱等，则吾以圣人为嚚嚚。（同上）

孔子之态度，生则乐生，死则安死，扬子以为最得其当。

宋以来的道学家对于死的态度，可以张子所说为代表。张子说：

> 存，吾顺事；没，吾宁也。（《正蒙·乾称》）

活着便积极有所作为，到死时安然无所恐惧。

胡五峰尝云：

> 释氏之学，必欲出死生者，盖以身为己私也。天道有消息，故人理有始终。不私其身，以公于天下。四大和合，无非至理；六尘缘影，无非妙用。何事非真？何物非我？生生不穷，无断无灭。此道之固然，又岂人之所能为哉？夫欲以人为者，吾知其为邪矣。（《知言》）

不私其身，而深明变化之理，则既不以生为幻，亦不以死为患。

朱子亦尝说：

> 人受天所赋许多道理，自然完具无欠阙，须尽得这道理无欠阙，到那死时，乃是生理已尽，安于死而无愧。（《语类》三九）

生时须尽人之所以为人之理，及生理已穷，则安于死。

王阳明亦云：

> 学问功夫，于一切声利嗜好，俱能脱落殆尽，尚有一种生死念头，毫发挂带，便于全体有未融释处，人于生死念头，本从生身命根上带来，故不易去。若于此处见得破，透得过，此心全体方是流行无碍，方是尽性至命之学。（《传习录》）

须能透视生死，方是有真学问真功夫。

王船山尝论死云：

> 盖其生也，异于禽兽之生；则其死也，异于禽兽之死。全健顺太和之理以还造化，存顺而没亦宁。（《正蒙》注一）

生得其正，则死亦得其正。船山又说：

> 衰减之穷，与而不茹，则推故而别致其新也。由致新而言之，则死亦生之大造矣。然而合事近喜，离事近忧；乍往必惊，徐来非故。则哀戚哭踊，所以留阴阳之生，靳其离而惜其合，则人所以绍天地之生理，而依依不舍于其常者也。然而以之为哀，而不以之为患，何也？哀者必真，而患者必妄也。且天地之生也，则以人为贵，草木任生，而不恤其死；禽兽患死，而不知哀死；人知哀死，而不必患死。哀以延天地之生，患以废天地之化。故哀与患，人禽之大别也。（《周易外传》二）

生则有死，乃大化日新不得不然。然死当哀而不必患。哀死乃所以表示珍惜其生而悯其忽断，如患死就是不知新陈推移之常理了。儒家重视丧礼，即所以哀死。道家认为死不必患亦不必哀，儒家则认为死虽不必患而实当哀，此儒、道之不同。

关于不朽，中国哲学中讨论不多。不朽的问题，是西洋哲学及印度哲学所特重的，而中国哲学则对之不甚注意。这也是中国哲学的一个特色。中国哲学所以不注重不朽问题，主要是因为中国哲学离宗教最远，对于有宗教意义的问题，认为无足重视。关于不朽，中国哲学多从影响贡献来说，而不从灵魂永存来说。中国思想中关于不朽的典型学说，是《春秋左传》中的"三不朽"说。《左传》襄公二十四年载叔孙豹之言云："太上有立德，其次有立功，其次有立言，虽久不废，此之谓不朽。"此说虽非出自哲学家之口，而是大多哲学家所承认的，徐干《中论》有云："颍川荀爽论之，以为：古人有言，死而不朽，谓太上有立德，其次有立功，其次有立言。其身殁矣，其道犹存，故谓之不朽。……夫形体固自朽弊消亡之物，寿与不寿，不过数十岁；德义立与不立，差数千岁，岂可同日言也哉？"（《夭寿篇》）荀爽（后汉末人）此说，与《左传》之说亦相近，不朽在于有不可磨灭的贡献。

哲学家中，论及"不朽"二字者极少。孔子未尝讲不朽，但孔子可以说有关于不朽的观念。孔子尝云：

> 齐景公有马千驷，死之日，民无德而称焉。伯夷、叔齐饿于首阳之下，民到于今称之。其斯之谓与？（《论语·季氏》）

齐景公既死，民无德而称，可以说是朽了；伯夷、叔齐求仁得仁，民到于今称之，可以说是不朽。孔子又说：

> 管仲相桓公，霸诸侯，一匡天下，民到于今受其赐。微管仲，吾其被发左衽矣！岂若匹夫匹妇之为谅也，自经于沟渎而莫之知也！（《宪问》）

自经于沟渎而莫之知，便是死而朽；而管仲能做到"民到于今受其赐"，即是不朽了。孔子很注重求不朽，所以说：

> 君子疾没世而名不称焉。（《卫灵公》）

君子实病"死之日，民无德而称"。孔子并非教人求名，所以又尝说过："君子病无能焉，不病人之不己知也。"（同上）孔子乃教人努力有所立以求不朽。

《荀子·大略篇》载子贡之言云：

> 大哉乎，死也。君子息焉，小人休焉。

《礼记·檀弓》云：

> 子张病，召申祥而语之曰：君子曰终，小人曰死。吾今日其庶几乎！

君子之卒，为息而不为休，曰终而不曰死。所谓息与终，大概即含有不朽之意。君子之卒，不过是活动停止而已，而其活动之影响则未尝断绝，如果历千百世而人民仍"受其赐"，则身虽死而实如不死。

孟子尝说：

> 君子有终身之忧，无一朝之患也。乃若所忧则有之：舜，人也；我，亦人也。舜为法于天下，可传于后世，我由未免为乡人也，是则可忧也。忧之如何？如舜而已矣。（《离娄》）

"为法于天下，可传于后世"，即死而不朽。终身之忧，即忧不能死而不朽。

《孟子》书又载：

> 滕文公问曰：齐人将筑薛，吾甚恐，如之何则可？孟子对曰：……苟为善，后世子孙必有王者矣。君子创业垂统，为可继也。若夫成功，则天也。君如彼何哉？强为善而已矣。（《梁惠王》）

"创业垂统"而"可继"，可谓即不朽。此文所谓成功指事业之成功。不朽不待于事业之成功。如能有所"创"，有所"垂"便是不朽。

老子尝云：

> 不失其所者久，死而不亡者寿。（《上篇》）

死而不亡，即不朽之义。不朽然后为寿。

庄子以为人如能齐生死，则不以死为死；不以死为死，则其死非死。庄子说：

> 而况官天地、府万物，直寓六骸，象耳目，一知之所知，而心未尝死者乎？（《德充符》）

能与宇宙合一，而以形体为寄寓，则其形虽灭而心未尝死。庄子又讲学道之次第："九日而后能外生"，继云：

> 已外生矣，而后能朝彻；朝彻，而后能见独；见独，而后能无古今；无古今，而后能入于不死不生。（《大宗师》）

能外生然后大彻大悟，大彻大悟则可见为宇宙本根之绝对而超乎时间，超时间乃能入于不死不生而永存了。庄子的意思是认为由神秘经验可以得到不朽，这是神秘家的不朽论。所谓心未尝死，所谓入于不死不生，都只是虚妄的幻想而已。

汉初经师韩婴有云：

> 王子比干杀身以成其忠，柳下惠杀身以成其信，伯夷、叔齐杀身以成其廉。此四子者，皆天下之通士也。岂不爱其身哉？为夫义之不立，名之不显，则士耻之，故终身以遂其行。由是观之，卑贱贫穷，非士之耻也。……三者存乎身，名传于世，与日月并而不息。天不能杀，地不能生，当桀纣之世，不之能污也。然则非恶生而乐死也。（《韩诗外传》）

"名传于世,与日月并",即死而不朽。比干等杀身以成其德,并非乐死,乃所以获得不朽之永生。

扬雄尝云:

> 或问:龙、龟、鸿鹄,不亦寿乎?曰:寿。曰:人可寿乎?曰:物以其性,人以其仁。或问:人言仙者,有诸乎?吁!吾闻宓羲、神农殁,黄帝、尧、舜殂落而死。文王毕,孔子鲁城之北。独子爱其死乎?非人之所及也。仙亦无益子之汇矣。或曰:圣人不师仙,厥术异也。圣人之于天下,耻一物之不知;仙人之于天下,耻一日之不生。曰:生乎!生乎!名生而实死也。(《法言·君子》)

人皆有死,不朽乃在于有德。至于求仙者,唯务长生,不思有益于世,虽生而实已如死。

明儒罗伦(号一峰)有云:

> 生而必死,圣贤无异于众人也。死而不亡,与天地并久,日月并明,其惟圣贤乎!(《文集》)

"死而不亡,与天地并久,日月并明",可视为不朽之界说。

中国哲学中关于不朽的理论,可以说比较简单。然此不足为中国哲学诟病。关于不朽问题,如从宗教的观点来讲,其实是虚妄;如不从宗教的观点来讲,则多无实可说。《左传》中的"三不朽"说，以有所立为不朽，在今日仍是可以承认的。

**【附注】**

晚清学者魏源有"四不朽"之说，他说："立德、立功、立言、立节，谓之四不朽。自夫杂霸为功，意气为节，文词为言，而三者始不皆出于道德，而崇道德者又或不尽兼功节言，大道遂为天下裂。君子之言，有德之言也；君子之功，有体之用也；君子之节，仁者之勇也。故无功节言之德，于世为不曜之星；无德之功节言，于身心为无原之雨，君子皆弗取焉。"（《默觚·学篇》）魏氏于德功言之外，又提出"立节"一项，实际上节应属德之范围。魏氏强调德与功言之统一，这是有深刻意义的。

# 饮食之道

## ——关于"美食""蔬食"的感想

中国古来重视民食,《尚书·洪范》讲"八政","一曰食,二曰货",食居八政之首。《论语·尧曰》述先王之政,亦曰"所重民、食、丧、祭"。孔子答子贡问政曰:"足食,足兵,民信之矣。"(《论语·颜渊》)将"足食"列为第一。《老子》五千言有"贵食母"之说(二十章),王弼说:"食母,生之本也。"食母即食物之母。《老子》又说:"圣人为腹不为目"(十二章),肯定了饮食的重要。孟子以"黎民不饥不寒"为王道之始。这都是重食的表现。

然而孔子又有"食无求饱"之训,他说:"君子食无求饱,居无求安。"(《论语·学而》)"士志于道,而耻恶衣恶食者,未足与议也。"(同书《里仁》)他自述胸怀说:"饭疏食,饮水,曲肱而枕之,乐亦在其中矣。"(同书《述而》)

他赞叹他的弟子颜回的品德说:"贤哉,回也!一箪食,一瓢饮,在陋巷,人不堪其忧,回也不改其乐,贤哉,回也!"(同书《雍也》)孔子一方面以"足食"为首要的政务,一方面又宣扬"食无求饱",以"饭疏食"为乐,这应如何解释呢?应该承认,这两个方面分别属于不同的层次。以食列为第一,这是从社会生活、国家需要来讲的,研求国计民生的问题,食确属最为重要。"食无求饱,居无求安",这是从个人修养来讲的。个人修养应以提高精神境界为第一义,如果只知追求物质享受,那就难以养成高尚品德了。

孟子论饮食与精神作用的关系说:"体有贵贱,有大小,无以小害大,无以贱害贵。(赵注:小,口腹也;大,心志也。)……饮食之人,则人贱之矣,为其养小以失大也。(朱注:饮食之人,专养口腹者也。)饮食之人无有失也,则口腹岂适为尺寸之肤哉?"(《孟子·告子上》)饮食是生活所必需,人的精神活动亦有待于饮食的营养。但是,如果一个人只知饮食,唯求饮食的享受,所谓"饮食之人"就毫无价值了。孟子说"饮食之人,则人贱之矣",可以说为后人敲响了警钟!后来王充讲得更明显,他说:"人生禀五常之性,好道乐学,故辨于物。今则不然,饱食快饮,虑深求卧,腹为饭坑,肠为酒囊,是则物也。……与三百倮虫何以异?"(《论衡·别通》)如果只知饱食快饮,那就失掉人之所以为人了。

近几年来,"美食"的口号甚嚣尘上,有人开设"美食城",有人举办"美食节""美食月"等等,还有所谓"美食家"。我们中国擅长烹调,驰誉海外,提高烹调艺术,无可厚非,但是,不知国内能享受美食者究竟有多少人,那些美食究竟供谁享用呢?所谓美食家,是何含义?是指善于制作美食的人,还是指善于品尝美食的人?制作美食是一种艺术,不妨精益求精,然而,如果一个人只是善于品尝美食,这于国于民究有何益?

近年有人宣扬孔子"食不厌精,脍不厌细",好像孔子也追求美食,其实这里存在着严重的误解。所谓食不厌精,食指粮食,精是精细之义,意谓米要舂得细些。脍不厌细,是说鱼肉要切得细些。这些是老年人饮食的需要,并非追求美味。

如果提倡美食,那就要重视一个原则,即"与百姓同之"。如果能做到人人都享用美食,那当然是美妙的理想。

# 第五篇 人格与生活

『我们读书,一方面要虚心体会,努力研求其中的深湛意蕴;另一方面还要有批评态度,要辨识古人思想的偏失。既要虚心,又要保持批评精神,才是正确的态度。读书是学,学习前人的经验与知识。在学的同时还要思,进行独立思考。独立思考又以对于实际情况的观察、考察、调查为基础,而观察不可能是静观,离不开社会实践,实践是思考的主要基础。孔子说:"学而不思则罔,思而不学则殆。"这在今日看来还是正确的。』

## 中国知识分子与人文精神

中国知识分子古代称为"士"。士在中国历史上作为一个独立的阶层,始于春秋时期。在殷商和西周时代,有一定知识的人是巫、史,巫、史都属于贵族。到春秋时期,出现了具有一定知识但失去贵族身份的"士"。孟子曾说:"无恒产而有恒心者,惟士为能。"(《孟子·梁惠王上》)"士"就是没有恒产而有一定理想的知识分子,依靠知识以谋生。孟子对齐宣王说:"今王发政施仁,使天下仕者皆欲立于王之朝,耕者皆欲耕于王之野,商贾皆欲藏于王之市,行旅皆欲出于王之途……其若是,孰能御之?"(同上)这区别了仕者、耕者、商贾。"士"有别于耕者、商贾,也不一定是仕者,乃是一个独立的阶层。

春秋末期,著名的知识分子有老子、孔子、邓析、孙武等。《史记》说:"老子者……周守藏室之史也。"又说:"老子,隐君子也。"老子本为周史,后来不知由于什么原因而成为一个隐君子。孔子曾仕于鲁,因意见不合而离鲁,周游于卫、楚、陈、蔡之间,晚年回鲁,以教学为事,当时亦被尊为"国老"。邓析是法律专家。《左传》定公九年:"郑驷歂杀邓析,而用其《竹刑》。"孙武是军事学家,受到吴王阖庐的尊重。到战国时期,士成为各国诸侯争取的对象。当时学者的待遇是相当优厚的。以孟子为例,《孟子》书记载:"彭更问曰:后车数十乘,从者数百人,以传食于诸侯,不以泰乎?孟子曰:非其道,则一箪食不可受于人;如其道,则舜受尧之天下,不以为泰,子以为泰乎?……子何尊梓、匠、轮、舆,而轻为仁义者哉?"(《滕文公下》)孟子虽然不遇于时,然而游事梁齐之时,随从的弟子是很多的。《史记》记述邹衍的事迹说:"驺子重于齐,适梁,惠王郊迎,执宾主之礼;适赵,平原君侧行撇席;如燕,昭王拥篲先驱,请列弟子之座而受业……其游诸侯见尊礼如此。"(注:这段记述有误,邹衍与平原君同时,而非与梁惠王同时,但备受尊礼,当系事实。与平原君同时的魏王是魏安釐王,可能梁惠王系安釐王之误。)齐国建立稷下学宫。《史记·田敬仲完世家》:"宣王喜文学游说之士,自如驺衍、淳于髡、田骈、接予、慎到、环渊之徒七十六人,皆赐列第,为上大夫,不治而议论。"稷下当时成为学术中心之一。从战国时期开始,士、农、工、商称为"四民"。其中士是知识分子,在历史上曾起过重要的作用。

## 以人为本位的哲学

中国古代哲学中最重要的学派有三：儒家、道家、墨家。其中儒家学说可以说是以人为本位的哲学，道家则以"道"为本位，墨家"尊天事鬼"，保留了关于天鬼的宗教信仰。后期墨家所著的《墨经》中已放弃了天鬼观念，而注重研究名辩与物理，但仍不能说是以人为本位的。明显地以人为本位的学说是儒家之学。

所谓以人为本位即是以人为出发点并以人为终极关怀。《论语》记载："樊迟问知，子曰：务民之义，敬鬼神而远之，可谓知矣。"（《雍也》）"务民之义"即重视道德教化，"敬鬼神而远之"即对鬼神持存疑态度，虽没有否定鬼神但不求助于鬼神。这是儒家学说的根本宗旨。后来孔子的再传弟子公孟子倡言"无鬼神"，就否认鬼神的存在了。

儒家以人为本位，肯定人的价值，又承认文化的价值。《孝经》记述孔子之言说："天地之性人为贵。"孟子强调"人之所以异于禽兽者"，荀子宣扬"人之所以为人者"。这所谓人之所以为人者，在于有道德。荀子说："水火有气而无生，草木有生而无知，禽兽有知而无义，人有气、有生、有知亦且有义，故最为天下贵也。"（《荀子·王制》）所谓有义，即有道德观念。这与孔子所谓"务民之义"是一脉相承的。

孔子以宣扬文化为己任，《论语》记载："子畏于匡，曰：

文王既没,文不在兹乎?天之将丧斯文也,后死者不得与于斯文也;天之未丧斯文也,匡人其如予何!"(《子罕》)所谓"文",即今日所谓文化。《周易·象传》云:"文明以止,人文也。观乎天文,以察时变;观乎人文,以化成天下。"(《贲》)这是中国古代典籍中"文明""人文"名词的初次出现。天文指自然现象,人文指人类的精神生活的各种形式。儒家高度肯定了文化的价值。

儒家以人为本位,这是与宗教家以神为本位的思想相对立的。宗教宣扬以神为本,鼓吹上帝创造世界,要求皈依上帝。佛教更将佛置于天帝之上,宣传三世轮回。这些宗教信仰都鄙视人,不承认人本身的价值。儒家承认人类是天地所生的,而肯定人本身具有优异的价值。这是儒家学说的一个特点。儒家这种以人为本位的思想观点可以称之为具有人文精神。

## 坚持人格尊严

儒家宣扬人的价值,其理论基础是承认人具有独立意志,因而具有独立人格。孔子说:"三军可夺帅也,匹夫不可夺志也。"(《论语·子罕》)人人都有较三军之帅更为坚强的意志,是不能轻易改变的。因为具有独立的意志,也就具有独立的人格。孔子说:"贤者辟世,其次辟地,其次辟色,其次辟言。"（同书《宪问》）其所以要辟世、辟地、辟色、辟言，即为了保持独立的人格。孔子不忍辟世，而采取了辟地、辟色、辟言的态度。

孟子提出"所欲有甚于生者""所恶有甚于死者"，他说："生亦我所欲，所欲有甚于生者，故不为苟得也；死亦我所恶，所恶有甚于死者，故患有所不辟也。如使人之所欲莫甚于生，则凡可以得生者，何不用也？使人之所恶莫甚于死者，则凡可以辟患者，何不为也？由是则生而有不用也，由是则可以辟患而有不为也。是故所欲有甚于生者，所恶有甚于死者。非独贤者有是心也，人皆有之，贤者能勿丧耳。一箪食，一豆羹，得之则生，弗得则死。呼尔而与之，行道之人弗受；蹴尔而与之，乞人不屑也。"（《孟子·告子上》）从所举的例证来看，这所谓"所欲有甚于生者"即指人格尊严；所谓"所恶有甚于死者"即指人格的屈辱。孟子称"所欲有甚于生者"为"义"，其所谓义即指坚持自己的独立人格，同时亦尊重别人的独立人格。

孟子更提出"以德抗位"的主张，他说："曾子曰：晋楚之富不可及也，彼以其富，我以吾仁；彼以其爵，我以吾义，吾何慊乎哉？……天下有达尊三，爵一、齿一、德一。朝廷莫如爵，乡党莫如齿，辅世长民莫如德。恶得有其一，以慢其二哉？"（《孟子·公孙丑下》）孟子引曾子之言，强调道德人格的崇高价值，认为人应提高道德的自觉而不屈服于权势。这是对于人格尊严的高度肯定。

《礼记·儒行》提出了士"可杀不可辱"的论断。《儒行》云:"儒有可亲而不可劫也,可近而不可迫也,可杀而不可辱也……其刚毅有如此者。"可杀而不可辱,宁死不屈,这是对于独立人格的强烈坚持。

高扬人格尊严是中国知识分子的优秀传统之一。

## 个人对于社会的责任

中国古代哲学家不但宣扬人格尊严,而且强调社会责任心。孔子面对隐者的讥讽而叹息说:"鸟兽不可与同群,吾非斯人之徒与而谁与?"(《论语·微子》)这就是肯定,个人对于社会是有一定责任的。孟子以"平治天下"自负,他说:"夫天未欲平治天下也,如欲平治天下,当今之世,舍我其谁也?"(《孟子·公孙丑下》)这固然表现了傲慢自大的态度,也表现了强烈的社会责任心。孟子虽然不得志于当时,但对于后世却发生了深沉广远的影响。与孟子同时的宋钘、尹文以救世济民为志,《庄子·天下》篇述宋钘、尹文之学云:"愿天下之安宁,以活民命,人我养之,毕足而止。以此白心。……见侮不辱,救民之斗;禁攻寝兵,救世之战。以此周行天下,上说下教,虽天下不取,强聒而不舍者也。"《天下》篇赞之曰:"图傲乎救世之士哉!"《庄子·逍遥游》亦述宋子的为人说:"而宋荣子犹然笑之,且举世而誉之而不加劝,举世而非之而不加沮,定乎内外之分，辩乎荣辱之境，斯已矣。"宋子"上说下教""强聒不舍"，表现了高度的社会责任心；"举世誉之而不加劝，举世非之而不加沮"，表现了坚强的独立人格。宋子的学风是值得钦敬的。

汉初陆贾追随汉高祖刘邦平定天下，劝诫刘邦说：居马上得天下，不能以马上治之。"居马上得之，宁可以马上治之乎？"这确实表述了关于社会政治的一条客观规律，对于稳定汉初的社会起了积极作用。其后贾谊向汉文帝上《治安策》，董仲舒向汉武帝上《天人三策》，都表现了知识分子对于社会政治的关怀。

《世说新语》记述后汉陈藩、李膺的言行说："陈仲举言为士则，行为世范，登车揽辔，有澄清天下之志。""李元礼风格秀整，高自标持，欲以天下名教是非为己任。"陈、李都表现了强烈的社会责任心。

唐代韩愈谏迎佛骨，被贬之后，作诗云："一封朝奏九重天，夕贬潮阳路八千。欲为圣明除弊事，肯将衰朽惜残年！"表现了对社会国家负责的刚直气概。

北宋范仲淹有两句名言"先天下之忧而忧，后天下之乐而乐"，为后世所传诵。张载自述学术宗旨说："为天地立心，为生民立命，为往圣继绝学，为万世开太平。"这表现了哲学家的广阔胸怀。

明末顾宪成主讲东林书院，尝说："官辇毂，念头不在君父上；官封疆，念头不在百姓上；至于水间林下，三三两两，相与讲求性命，切磨德义，念头不在世道上，即有他美，君子不齿也。"(《明儒学案·东林学案》)这也充分表现了对于社会治乱、国家安危的深切关心。

以上举例说明汉、唐、宋、明时代有代表性的知识分子具有深沉诚挚的社会责任心的历史事实。历史上具有社会责任心的知识分子很多,《二十四史》及有关史籍中有详细的记载。以上不过略举数例而已。到明清之际,顾炎武提出"天下兴亡,匹夫有责"的著名观点,黄宗羲著《明夷待访录》、王夫之著《黄书》《噩梦》,都是强烈的社会责任心的明确表述。

真诚的社会责任心,是中国知识分子的优秀传统的重要内容。

坚持人格尊严,重视社会责任心,这都是中国知识分子人文精神的主要内涵。

## 新时代的人文精神

儒家的以人为本位的哲学,一方面宣扬独立人格与人格尊严,另一方面又强调个人对于社会的责任心,这是儒家学说的积极内容。但是,儒家有一个严重的缺点,即承认上下贵贱的等级区分是合理的。《左传》记述孔子的言论说:"贵贱不愆,所谓度也。……贵贱无序,何以为国?"(昭公二十九年)这一条,孔门弟子没有收入《论语》中,可能是《论语》的编纂者有不同意见。但《左传》所记应非虚构。《论语》中所谓君子、小人，有时是按道德品质来划分的，有时是按地位高下来划分的。儒家肯定贵贱有别，还是明显的。这是儒学受到历代专制帝王尊崇的原因之一。这是儒家的消极的保守观点。

在中国历史上，对于等级制度持批评态度的是道家。道家认为社会上区分君子、小人是不合理的，断言："以道观之，物无贵贱。"（《庄子·秋水》）道家反对等级区分，宣扬个性自由，这是道家的高明之处，但是道家完全忽视个人对于社会的责任心，就不如儒家了。最强调社会责任心的是墨家，墨家"以绳墨自矫，而备世之急。……日夜不休，以自苦为极"（《庄子·天下》）。但墨子"尊天事鬼"，又缺乏"人本"精神。后期墨家舍弃了天鬼观念，对于名辩、物理做出了卓越的贡献，但仍没有形成比较完整的人本哲学。汉代以后，墨学中绝了。

1840年鸦片战争以后，中国出现了严重的民族危机，于是救亡图存成为中国知识分子和人民群众的主要问题。经过辛亥革命，到1919年五四运动的前几年，一部分先进的知识分子发起了新文化运动，于是中国文化达到一个新的发展阶段。一部分学者将西方近代的人文主义思想介绍进来，并加以大力宣扬。这在当时是具有重要的进步意义的。有些论者积极鼓吹西方近代的人文主义思想，对于中国传统思想采取了全面否定的态度，却忽略了（或不了解）西方近代的一些人文主义思想家曾经受过中国古典哲学的影响。这就陷于偏失了。中国古典哲学确有其历史的时代的局限性，其中许多观点已经过时了，但是中国古典哲学中确实含有一个以人为本位的优秀传统，这还是应该充分理解、继续发扬的。

应该承认，中国的知识分子，自古以来，有一个人文精神的悠久传统，在古代，这个人文传统虽然受到等级制度和专制主义的束缚，却也发生过一定的进步作用。时至今日，时代进步了，等级制度已经废除了。我们应该在固有的优秀传统的基础之上，吸收西方近代文明的先进成就，更发挥创造性的思维，使人文精神更高度昂扬起来。

# 中国古代知识分子
## 与刚健有为、自强不息的优良传统

中华民族在长期的发展过程中创造了灿烂的文化，在中国文化的创造发展过程中，知识分子起了巨大的积极作用。知识分子所以能在中国文化创造发展过程中起巨大的作用，主要是由于多数的知识分子表现了刚健有为、自强不息的精神，这是古代知识分子的优良传统。

"刚健"和"自强不息"都是《易传》提出的，而其思想渊源在于孔子。知识分子古称为"士"。在西周以至春秋时代，士是贵族的最低层。后来很多的士丧失了贵族的地位，成为无"恒产"者，即靠知识才能维持生活的知识分子。春秋末至战国时期，士阶层非常活跃，出现了百家争鸣的盛况。儒家的创始人孔子"学而不厌，诲人不倦"，就是知识分子中的最重要的代表人物。孔子"发愤忘食、乐以忘忧",赞扬"刚毅"的品格,表现了积极进取的乐观精神。孟子更提出了"大丈夫"的崇高人格标准:"富贵不能淫,贫贱不能移,威武不能屈,此之谓大丈夫。"(《孟子·滕文公下》)孟子鄙视"以顺为正"的政客,表现了卓越思想家的宏伟气度。《易传》会通天人之际,提出"天行健,君子以自强不息"(《乾卦·象传》),"泽灭木,大过,君子以独立不惧,遁世无闷"(《大过·象传》),"雷风恒,君子以立不易方"(《恒卦·象传》),又特别表扬"刚健"之德(《需卦·象传》《大有·象传》),这些思想成为后世有为知识分子立身处世的重要原则。

在《易传》所宣扬的"刚健""自强不息"的思想的熏陶影响之下,中国历代优秀的知识分子表现了三个方面的优良品格和作风:第一,诚挚热烈的爱国主义精神;第二,坚持不懈追求真理的精神;第三,刚强不屈与不良势力进行斗争的精神。

历代正直的知识分子都表现了真诚的爱国主义精神。中华民族是由多民族汇合而成的,在多民族相互融合的过程中,曾经出现矛盾斗争的情况。汉、契丹、女真、蒙古、满等族在历史上都曾建立自己的国家。汉族和各兄弟民族之中,都有一些志士仁人,为了维护民族的尊严,为了保卫国家的主权,进行过反侵略反奴役的斗争。就汉族知识分子而论,爱国志士,史不绝书。忧国忧民的仁人,为国捐躯的烈士,以其可歌可泣的自我牺牲的精神,树立了崇高卓越的典范,至今日犹能激动人心,令人仰慕。

古代思想家的最高理想是"大同",大同思想对于民族融合曾经起过积极的作用。大同理想与爱国情操是并行不悖、相互补充的。

我国知识分子有在艰苦的环境中努力追求真理的优良传统。历代知识分子都在孜孜不倦地寻求真理。科学家和唯物主义哲学家努力向客观世界寻求真理,宗教家和唯心主义哲学家虽然主要是为统治阶级"制造幻想",但也探索了一些理论问题,可以启发后人进一步的思考。多数知识分子可称为进行精神生产的脑力劳动者。这些知识分子虽然没有直接参加物质生产劳动,但是确实努力于精神生产的劳动,因而对于文化的进步、学术的繁荣做出了积极的贡献。历代天文家、算学家、医学家、农学家、水利学家、建筑学家,对于科学技术发展的贡献,是有目共睹、明显易见的。而著作家、哲学家、文学家等对于精神文明发展的巨大作用也是不可否认的。我们所谓脑力劳动,与古代思想家所谓劳心有所不同。所谓"劳心"者中,致力于真理的探求才可称为脑力劳动,而那些官僚政客为争权夺利而费尽心机,则不能算作脑力劳动。专心致志研究学术的知识分子,不追求声色货利,不图谋富贵利达,唯一的兴趣是揭发自然的奥秘,探求人生的准则。历代许多知识分子经常过着清贫的生活,住在简陋的房屋,穿着粗布的衣服,而志气高昂,奋发向上。这是一个可贵的传统。

在长期的封建制时代,君主专制越来越严酷。劳动人民经常处在水深火热的艰苦环境中。贪官污吏、地主豪绅,更是残酷地压迫劳动人民。在这种情况下,经常有正直的知识分子挺身而出,对不良势力进行激烈的斗争。这些知识分子,不肯趋炎附势,不肯同流合污,而敢于坚持正义,敢于弹劾权奸。这些知识分子大多会遭受打击迫害,他们的行动体现了自强不息的刚毅精神。

知识分子中有卑鄙无耻之徒,也有甘当奴才的败类。民族文化包含着"两种文化",那么,将知识分子区分为两类也就不足为奇了。

在封建时代,是什么力量推动知识分子保持着刚健有为、自强不息的传统呢?是对民族国家的热爱,对真理的渴望和对不良势力的憎恨。在封建时代,虽然大多数知识分子都是出身于地主阶级,但是,从事脑力劳动的知识分子和从事体力劳动的工农群众也有一定的联系,尤其是在民族危机严重的时刻,知识分子和广大群众更具有共同的命运,在思想感情上也有相通之处。

现在的时代与过去不同了。广大人民群众,在中国共产党的领导之下,经过艰苦卓绝的革命斗争,终于推翻了剥削人、压迫人的旧制度,迎来了社会主义的新时代。我们正在党的领导之下建设中国特色社会主义物质文明和精神文明,知识分子从事脑力劳动的本质更加明确了,从而获得了发挥作用的广阔天地。作为新时代的知识分子,我们要努力提高思想觉悟,认识并发扬古代知识分子的优良传统,为社会主义祖国的"四化"建设做出更大的贡献。

# 漫谈读书

书是人类认识的载体。有知识的人把所见所闻或所思所想记录下来，便成为书。有价值的书是智慧的结晶。一个民族的精神文明，表现于这个民族的人民的精神生活中，也存储于这个民族长期流传的典籍书册中。

我对于世界有所认识，对于人类的崇高理想有所了解，都得益于读书。通过读书，我认识到人除了衣食住行的物质生活之外还应有高尚的精神生活。通过读书，我了解到自古以来许多志士仁人感人肺腑的光辉事迹。

我幼年在家塾读书，读了《论语》《孟子》，但只是诵读而已，并不理解其中意蕴。十多岁时阅读宋代哲学家周敦颐、张载的著作，才对于先秦儒家的精义深蕴有所了解。周敦颐《通书》中说："颜子'一箪食，一瓢饮，在陋巷，人不堪其忧，而不改其乐'。夫富贵，人所爱也；颜子不爱不求，而乐乎贫者，独何心哉？天地间有至贵至爱可求而异乎彼者，见其大而忘其小焉尔。"又说："天地间，至尊者道，至贵者德而已矣。"又说："君子以道充为贵，身安为富，故常泰无不足。而铢视轩冕，尘视金玉，其重无加焉尔！""圣人之道，入乎耳，存乎心，蕴之为德行，行之为事业。彼以文辞而已者，陋矣！"周敦颐《通书》的这些话，阐述精神生活的崇高价值，可谓深切著明，我读了深受启发。

张载《正蒙》说："性者，万物之一源，非有我之得私也，惟大人为能尽其道，是故立必俱立，知必周知，爱必兼爱，成不独成。"显示了博大的胸怀、宏伟的抱负，使我对于《论语》所谓"己欲立而立人，己欲达而达人"有进一步的了解。

我在中学读书时，对于《老子》《庄子》深感兴趣。初读《老子》第一章，感到莫名其妙，阅读了古今的许多注释，然后有所理解，于是对于形而上学本体论发生兴趣。（所谓形而上学有两种不同的含义，一指关于宇宙本原的学说，一指以孤立静止的观点观察事物的思维方式。这里用第一种含义。）《庄子》书中有许多深刻的智慧，如《齐物论》说："既使我与若辩矣，若胜我，我不若胜，若果是也，我果非也邪？我胜若，若不吾胜，我果是也，而果非也邪？其或是也，其或非也邪？其俱是也，其俱非也邪？我与若不能相知也，则人固受其黮暗，吾谁使正之？使同乎若者正之，既与若同矣，恶能正之？使同乎我者正之，既同乎我矣，恶能正之？使异乎我与若者正之，既异乎我与若矣，恶能正之？使同乎我与若者正之？既同乎我与若矣，恶能正之？然则我与若与人俱不能相知也，而待彼也邪？"这是中国古代的怀疑主义，确实达到较高的深度，于是引起了我对于认识论的兴趣。

我对于哲学本体论、认识论都发生了兴趣，于是选读西方的哲学著作，受吾兄申府的引导，我阅读了罗素的 *Our Knowledge of the External World*（《我们关于外间世界的知识》）和 *An Outline of Philosophy*（《哲学大纲》），其论证的细密，分析的透彻，给我以深刻的启迪。又读了罗素其他著作和怀特海（A.N.Whitehead）与博若德（C.D.Broad）的哲学著作。我感到，读这类分析哲学的书，不仅增加一些知识，而且受到一定的思维训练。

20世纪20年代，我开始学习马克思主义哲学，阅读了马克思《关于费尔巴哈的提纲》、恩格斯《路德维希·费尔巴哈和德国古典哲学的终结》《反杜林论》、列宁《唯物主义和经验批判主义》的中英译本。早年的中译本的译笔不甚通畅，英译本比较明晰。我读了这些著作，感到豁然开朗，深受启发。我以辩证唯物论的理论与西方近现代哲学思潮作了比较，认为辩证唯物论是现代最伟大的哲学，既解决了物质与精神的关系问题，也解决了认识论上唯理论与经验论的论争，更具有改造世界的巨大作用，所以是现代最伟大的哲学。从此，我对于唯物论深信不疑。

30年代初期，我广泛阅读了先秦诸子、汉唐哲学、宋明理学以及明清之际进步思想家王夫之、颜元等的著作。在深入探索的基础上，撰写了五十多万字的《中国哲学大纲》。这是一部以问题为纲的中国哲学史著作，书中对于自古以来的唯物论思想特别是王夫之的唯物论思想有较多的阐发。王夫之的哲学思想可谓博大精深，尤其他的艰苦卓绝的高尚志节令我深深感动。在《中国哲学大纲》中，我提出今后应该继承发扬王船山的哲学。

西方现代哲学家怀特海和罗素都认为西方近代哲学乃是古希腊哲学的进一步的发展，认为古希腊哲学是近代西方哲学思想发展的源泉。我认为中国也有类似的情况，先秦诸子哲学乃是汉唐宋明哲学思想发展的源泉。《论语》《孟子》《易传》《老子》《庄子》《荀子》的思想对于后世思想的发展确有深刻的启迪作用。多年以来，我从事中国哲学史的教学工作，近年以来我更探索中国传统文化的批判继承问题，常常重温《论》《孟》《老》《庄》《易》等书，感到先秦诸子学说确实含有深湛的智慧。举例来说，我认为古代儒家关于人生价值的学说、道家关于宇宙本体的学说，至今犹能给人以启发。

我受到孔子关于人的思想和老子关于道的思想的启迪。孔子学说以人为中心，所谓"仁者爱人""己欲立而立人，己欲达而达人""己所不欲，勿施于人"，主要是考虑人际关系问题。孔子说："三军可夺帅也，匹夫不可夺志也"，肯定人民都有不可夺的独立意志。又说："务民之义，敬鬼神而远之"，即以人为终极关怀，反对求助于鬼神，可以说是古代的人本主义。这种以人为本的学说在现代仍是有重要意义的。老子提出天地万物的本原问题,是中国古代哲学本体论的创始人。所谓道指超越一切的绝对。老子提出天地本原问题,在思想发展史上有重要意义。老子直陈人类文明的种种流弊,"五色令人目盲,五音令人耳聋,五味令人口爽,驰骋畋猎令人发狂,难得之货令人行妨"。这在现在看来,仍有使人从声色货利的迷误中醒来的作用。

古代哲学必然有其时代的局限性。我们读书,一方面要虚心体会,努力研求其中的深湛意蕴;另一方面还要有批评态度,要辨识古人思想的偏失。既要虚心,又要保持批评精神,才是正确的态度。例如孔子强调"君臣之义",老子主张回到结绳之世,这都是错误的,应加以批判。

读书是学,学习前人的经验与知识。在学的同时还要思,进行独立思考。孔子说:"学而不思则罔,思而不学则殆。"这在今日看来还是正确的。

独立思考又以对于实际情况的观察、考察、调查为基础,而观察不可能是静观,离不开社会实践。实践是思考的主要基础。

在读书的过程中勤于思考,在思考的过程中参阅古今中外的名著,这是研究学问的必由之路。

## 附

(一)我喜爱的书目:
(1)《论语》;

（2）《孟子》；

（3）《老子》；

（4）《庄子》；

（5）《易传》；

（6）《史记》；

（7）《陶渊明集》；

（8）《路德维希·费尔巴哈和德国古典哲学的终结》；

（9）《自然辩证法》；

（10）《哲学笔记》。

（二）向青少年推荐书目：

（1）《论语浅解》；

（2）《孟子选讲》；

（3）《古文观止》；

（4）《唐诗三百首》；

（5）《社会主义从空想到科学》；

（6）《新民主主义论》；

（7）《毛泽东论文艺》；

（8）《邓小平文选》第三卷；

（9）《三国演义》；

（10）《儒林外史》。

## 我和书的故事

我喜书，喜读书、买书，更喜著书。在青少年时期，我在北京师范大学附属中学读书，地近琉璃厂，下课后常和同学到琉璃厂旧书铺游览。当时琉璃厂旧书店很多，每个书店都陈列了很多很多的古书，可惜我当时没有钱，无力购买高价的书。当时宣武门内路西头发胡同有一个小市，小市中也有几家书铺。我路过宣武门，常到小市旧书铺看看。我喜读《庄子》，除了阅读《庄子集解》《庄子集释》之外，也喜读宣颖的《南华经解》。当时家里有一部清初刻本的《南华经解》，比较破旧。在小市书铺中见到一部精刻本的《南华经解》，惜乎无力购买。（直到20世纪30年代，买到一部精刻大字本的《南华经解》，至今珍藏。）至今记忆犹新的是在小市书铺中遇到一部《庄子》，题"郭象评，向秀注"，是一部木刻本，不知是何人伪作，也因无钱没有买下，后来再也不见了。

30年代，我在大学任课，稍有闲钱买书。留心购求《张子正蒙》的各种版本，买到高攀龙的《正蒙释》、刘玑的《正蒙会稿》，都是明刻本。又买到《张子全书》的几种不同版本。当时许多收藏家都注意搜求诗词小说一类书，对于理学书很少人注意。我则主要购买哲学书籍。50年代初，我请琉璃厂书铺的魏广洲同志寻找明代哲学家王廷相的《家藏集》，他为我找到了，共六函，印刷、纸张都精美。据闻北京的《王氏家藏集》只有两部，一部存科学院图书馆，一部由我购藏了。后来友人王孝鱼同志受中华书局委托标点《王廷相集》，即借阅我所藏的进行校勘。老魏同志又为我买到一部明版《李太白集》，亦甚为精美。我还在琉璃厂买到清代中期谢刻本的《荀子》，嘉庆年间吴鼒重刻宋乾道本《韩非子》，都是十分精美，令人看起来怡心悦目。我看过叶德辉的《书林清话》，知道宋元刻本的精美，惜乎无力购求，只能到图书馆善本室参观了。

　　我所见到的明刻本及清代乾嘉时期的精刻本，都十分精美，实乃一种具有很高价值的艺术品，乃是文化瑰宝。惜乎只能买到二三部，无力多买。现在更是难以再遇了。

　　40年代至50年代初，北京饭店楼下有一个法文书店，卖西文新书。当时我也常到法文书店看看，买过一些新出版的英文哲学书，觉得十分方便。后来这个法文书店因故被封闭了。50年代后期，很难买到西文书籍了。现在看来，从文化交流来说，这是难以弥补的损失。

买书不易，存书亦难。40年代我在清华大学任教时，住房也很小，后来迁到新林院，有一间很大的书房，颇为方便。1952年迁到北京大学中关园住宅，建筑面积75平方米，居住面积不过30多平方米，比较窄小。当时购书不多，勉强够用。在"文革"期间，学校让75平方米的房屋两家改为三家，每家建筑面积50平方米，书籍就放不下了。后来哲学系"文革"小组还嫌我们住房太大，命令我从50平方米迁移到二公寓的一间半的小屋，书籍更无法存放了。迁移时我只好卖出了四辆平板三轮车的书，但存书仍然嫌多，只好堆积在半间屋中。当时也不允许多读书，"知识越多越反动"的口号正在流行，哪个还敢看"封、资、修"的书籍呢？其后逐渐落实政策，我的住房由一间半改为两间，1978年又由两间改为名义上的三室一厅，实际是二间半和一间小厅。书籍勉强存放，找起来非常困难，又兼年老体衰，无力多买书了。偶然到琉璃厂旧书店游览，难免望书兴叹。因为没有放书的空间，也就轻易不买书。有时想起清末学者孙诒让、现代史家陈垣先生都有几间大书房，不无羡慕之意。明知其不可求，也就安于陋室了。现在年过八旬，有时取出明刻及清代精刊，观览一番，也就很满足了。

清代思想家颜元（习斋）讥讽宋明理学家，说宋明儒者只会"读、讲、著"，意在对于书呆子痛下箴砭。其实理学家除了"读、讲、著"之外，也还在考察、思索。如周敦颐、程颢以及朱熹、陆九渊，也都长于吏事。我的一生似乎是在"读、讲、著"中度过,其实我是力求贯彻"博学之、审问之、慎思之、明辨之、笃行之"。我写了一些书,幸而都能问世。四十岁前所写的哲学论稿,题为《真与善的探索》,1988年由山东齐鲁书社出版了。三十岁前撰写的《中国哲学大纲》,近年来也一再重印。前后出版了十几种书,实可庆幸。"老骥伏枥,志在千里。"我还想继续写。虽然无力更多买书了,但是对于书的感情还是一如往昔。

希望出版界多出新书、好书,在印刷上超过乾嘉时代精刻本的书。

## 喜读《新<三字经>》

传说南宋王应麟编撰的《三字经》,是一本流传久远、家喻户晓的开蒙书,篇幅不长,而内容丰富,包含基本的生活知识和历史知识,可以说是一本微型的小百科全书。到了今天,流传已久的《三字经》当然不符合时代需要了,但是《三字经》的体裁仍是值得注意的。最近,李汉秋同志主编的《新<三字经>》由科学出版社出版了。此书采取《三字经》的体裁,以符合时代需要的基本知识为内容,是一个具有重要意义的新的尝试,确实具有很高的价值。

这本《新<三字经>》,以做人的基本道理为主要内容,突出爱国主义教育。如此书的《前言》所说,此书"第一部分首先有选择、有重点地弘扬中华民族的优良道德传统;第二部分简要介绍祖国的悠久历史、人民的奋斗过程;第三部分赞美祖国的锦绣河山和灿烂文化。可以说是以爱国主义作为贯穿全书的一条主线,融入了构成爱国主义基础的有关基本知识"。书中引用了许多生动的道德故事,将道德原则具体化、形象化,适合儿童教育。书中择举了许多历史人物、爱国志士、革命家、思想家、史学家、科学家、文学家,提供了初步的文化史知识,同时配上了许多插图,可谓图文并茂,有引人入胜之效。

书中对于各段经文都加以解说,解说中有很多精彩之处。例如关于"义利"关系,解说认为:"我国传统精神是以义为上,这包含三层意思:第一层是见利思义,不取不义之财,……第二层是见义勇为,敢于斗强暴,维护社会秩序,救人于困危之中。第三层是舍生取义,为了正义的事业贡献自己的热血乃至生命,这是以义为上的最高境界的要求。"这一解释是十分正确的,是十分深切的。

解说中也偶有失误之处,如"程门立雪"一条说:杨时和游酢拜访程颐,"站在大门外雪地里等候"。事实上,当时游、杨是站在屋里等候。《程氏外书》卷十二记载此事云:"游、杨初见伊川,伊川瞑目而坐,二子侍立。既觉,顾谓曰:贤辈尚在此乎?日既晚,且休矣。及出门,门外之雪深一尺。"(《二程集》)足证游、杨是站在门内,并不是站在雪中。关于程门立雪的故事,近人每多误传,应以原来的记载为准,希望再版时加以更正。

我看了这本《新<三字经>》,非常高兴,愿向广大读者同志推荐。

## 我和北京大学图书馆

20世纪20年代末30年代初,我在大学读书的时候,常到文津街北京图书馆看英文哲学杂志,借以了解西方哲学界的消息,并阅读一些感兴趣的哲学论文。当时北京图书馆看书的人不算太多,阅览室广阔,有恬静舒适之感。嗣后我到清华大学任教,经常进清华图书馆借书。清华图书馆全部开架,任读者检阅查找,真是琳琅满架,令人惊叹中国古籍之丰、西方名著之多。

1952年清华大学文理法学院都合并到北京大学,我调任到北大,当时北大图书馆系燕京大学图书馆旧址,虽然不如清华图书馆之大,但图书亦甚丰富,兼收北大图书馆与燕京图书馆的图书,当时也允许老教师进库查书。这时因教学关系,我不看西文书了,专看中国哲学古籍,查阅自己买不到的古书。我平时喜好买书,买过许多线装书,也买过少数善本。明刻本字体优美,清代乾嘉刻本精妙可喜。但因力量有限,能买的书究竟不多,不得不常到图书馆查阅。到北大图书馆书库阅览，然后方知未读书之多，自己家藏之书之少。广读博览还要靠图书馆。50年代末60年代初，北大在东南门内北边开辟了第三阅览室，专藏旧燕京的线装书。我常到此处借书，此处的馆员服务热情，找书勤快，对教师借书帮助很大。

70年代后期，北京大学图书馆的新馆建成，规模较以前大多了，我也常来借书。有几年书库不开放，近年书库也开放了。但我年老力衰，很少上书库找书了，却常到教员阅览室看书。教员阅览室准备了常用的书籍，而且窗明几净，经常添置一些新刊书册，查阅比较方便。

明清时代曾经有许多藏书家，或建藏书楼，曾经起了保存书籍的良好作用。近代情况改变，今后很难再出现藏书家了。保存书籍的任务专赖各级图书馆。北大属高校之首，在这方面具有很大的责任。

中国古籍本已汗牛充栋，而今天治学又不应以中国古书为限，而应兼读西文著作。古今中外，可读之书，数量浩博，个人不易购置大量图书，图书馆日益成为研究学问的必要条件了。

古人有"书非借不能读"之说，也有一定道理。买得一部书之后，觉得随时可读，不必着急，因而却搁置下来。借书有一定期限，非快读不可，也就先读了。我个人也有类此的经验。总之，今日研究学问，非借重图书馆不可。北大图书馆藏书较丰，在高校图书馆中居于前列，北大师生是幸运的。我们要好好爱护北大的图书馆。

## 我的家庭和幼年时期

我生于1909年5月23日（夏历四月初五日），当时父母都住在北京，到三岁随母亲还家乡居住，幼年是在乡间度过的。原籍河北省（当时称为直隶省）献县。我家所在的村庄名叫小垜庄，属杜生镇，是一个很小的村庄。

吾父众清公名濂，字中卿，一字众清，生于1872年（同治十一年）。吾母赵太夫人，生于1869年（同治八年）。我们家历代务农，实为小地主，到我祖父而渐致饶裕，成为中等地主。祖父有子七人，吾父行六。祖父读书而未应科举，四伯父张润应举中拔萃科，是为张氏应举之始。众清公于1903年（光绪二十九年）中进士，改庶吉士，入进士馆肄习法政，1907年（光绪三十三年）授职翰林院编修。辛亥革命以后，1918年（民国七年）被选为众议院议员，之后曾任沙河县知事及枣强县知事。晚年在京闲居，任燕冀中学的校董。晚年喜"黄老之学"，以为黄帝、老子高于儒家，研究《黄帝内经》与《黄庭经》，认为在"五伦"之外尚有一伦，即人与人之间的伦理（没有朋友关系的人与人之间），因而自号六伦。在京经常来往的朋友有尚节之（秉和）先生、陈紫纶（云诰）先生、刘润琴（春霖）先生等。

吾母赵太夫人，河北省交河县赵家庄人氏，勤俭持家，待人慈和宽厚。民国初年即回乡居住，主持家务。吾母生四子二女，劬劳实甚。我的长兄崧年，大姊张敬，二姊张敏，二兄崇年，我行三，还有一个四弟。约在1918年（民国七年）秋天，东邻二伯父的场院中柴堆着火，我家场院距离很近，母亲指挥长工赶快搬移我们的柴堆，幸而没有烧着。但是母亲由于高度紧张，惊慌太甚，第二天遂患半身不遂。我的四弟伶俐过人，胆大无惧，一天独自到一个池塘洗澡，竟至溺死，没有抢救过来。当时吾母正卧病在床，遭此惨痛，遂于次年（1920年）4月5日逝世，寿仅五十二岁。吾母病时，全赖二姊服侍，请过几次中医，都不见效。当时我尚年幼，童顽无知，未能帮助服侍，思之甚愧！

我三岁时随母回乡，过田园生活。五六岁时进村中学塾，背诵《三字经》《百家姓》。之后，父亲为二兄和我延请一个表兄卢先生教我们念《论语》《孟子》《大学》《中庸》四书，只是背诵，并不讲解，也教我们读新式小学课本。当时念的书不多。有一次到村中公塾中听一位杜先生讲《左传》"郑伯克段于鄢"，听来很感兴趣，也能大致听懂，但没有继续读《左传》。

母亲病逝时，父亲和大兄申府都不在乡中，他们都在北京，闻讯归来，办理丧事。1920年（民国九年）夏初，办完母亲丧事，父亲带领全家离开家乡，到北京居住。当时父亲任众议院议员，住在西城辟才胡同南半壁街16号。父亲在北京住了几十年，始终未买房子，仅租了一个普通的四合院居住，每月租钱银圆三十元。到这年秋天，由大兄申府安排，叫二兄和我到北京师范学校附属小学插班学习。二兄上高小三年级，我上高小一年级。初入学时赶不上，家里又为我请了一位家庭教师，很快就赶上了。三年之后，小学毕业，毕业考试还名列前茅。当时北师附小的主任是张铎民（安国）先生，毕业后还有联系，但几年后他就去世了。（北师附小在中华人民共和国成立后改称宏庙小学。）

当时长兄申府已经毕业于北京大学，留校工作，正在北京参加新文化运动和革命活动，在学术界因介绍罗素哲学而知名。他白天都不在家，早出晚归。他在外面的活动也从不告诉家里人，我们只知他很忙。不久他就赴法国参加勤工俭学活动去了，几年后才回国。

我和二兄经常在一起。母亲在世时，常对我和二兄说：你们要努力"要强"，要做个好人。"要强"是北方俗语，即奋发向上之意。我们遵循母亲的遗嘱，努力学习，从不沾染社会上的各种恶习，努力向上，对于世俗娱乐亦无所好。父亲不过问我们的学业，偶尔加以勉励。在四合院中，我住南屋，父亲为南屋写一副对联云："醴泉无源，芝草无根，人贵自立；户枢不蠹，流水不腐，民生在勤。"这寓有勉励之意。父亲在住宅大门贴一副对联云："大林容豹隐；原野听龙吟"，表现了自己过隐居生活的态度。

## 在京求学

1923年（民国十二年）暑期，我小学毕业，考入北京师范大学附属中学试验班，入学即上中学一年级第二学期的课程。1926年初中毕业；1927年春考入高中班。在初中三年级的时候，附中主任（实即校长）林励儒先生为全校作了一次学术讲演，讲德国哲学家康德的"三大律令"，林先生强调这是康德的一个大发现，具有重要的意义。我听了非常感动，非常佩服，从此"要把任何人都看作目的，不要看作工具"这一道德律令深深印在我的头脑之中。初中毕业时，班主任卢玉温（光润）先生让每个学生写终生志愿，我写道："强中国，改造社会；成或败，退隐山林。"今日看来很可笑，未免狂放自大。中岁以后，自知不是搞政治的材料，就专门从事学术研究了，但爱国之志是始终不渝的。

初中二年级之时，同学庄镇基喜谈老庄哲学，于是引起我对于哲学的兴趣。我初读《老子》，如入五里雾中，感到莫名其妙。后来读了一本《新解老》，其中认为道即是天地万物的最高原理，于是忽有所悟，对于老子学说有所理解。又读了《哲学概论》一类的书，对于哲学有所领会。

当时对于哲学有所了解之后，于是对于宇宙人生的一些重大问题深感兴趣。常常独自沉思：思天地万物之本原，思人生理想之归趋。每日晚上经常沉思一二小时，养成致思之习。

高中一年级时，班主任汪伯烈（震）先生开了"中国哲学史"课程，我很感兴趣。汪师兼通文学、哲学、心理学，对于美国詹姆士哲学有较多的研究，常和我们谈论当时学术界的情况。汪师在一份题为《认识周报》的刊物上发表了一篇论述当时中国哲学界的文章，评述了胡适、梁漱溟、朱谦之、张崧年的思想，说张崧年是中国新实在论的代表。这时我才稍知长兄申府与当时中国哲学界的关系。当时我在"作文"课中写了一篇题为《评韩》的文章，内容批评韩非反对道德教化专重刑赏的观点。汪师甚为欣赏，在课堂上对全班同学说：张岱年这篇文章写得很好，大学三年级的论文也不过如此。对于汪师的赞赏，我衷心感激。汪师建议将这篇文章刊登在当时《师大附中》月刊上，到现在已经遗失不存了。

之后，我写了一篇考证列子的文章，题为《关于列子》，内容是证明列子实有其人，反驳列御寇系子虚乌有之说，投寄《北京晨报》，于1928年3月在"晨报副刊"上发表了。这是我在报纸上发表的第一篇文章，当时甚为欣喜。

1928年暑假，我报考清华大学，被录取了。开学之后，添设了军事训练，由两个国民党军官任教官。我不愿受国民党的军事训练，退学了。适逢北京师范大学招生，遂又报考北京师范大学，也录取了。当时本拟报考北京大学，那年北大招生较晚，因已被师大录取，就到师大入学了。原师大附中的同班同学阮庆荪、庄镇基、陈伯鸥、陶雄、谷万川等也都考入师大，老同学又聚在一起了。在北师大，我又认识了王重民、孙楷第、刘汝霖、潘炳皋。同班同学有傅继良，1932年又认识了张恒寿，成为莫逆之交。

当时北京师范大学采用学分制，不计年数，学分够了可以毕业。许多学生由于生计困难往往中途到一些中小学任教代课，然后再回师大受学，学分够了才毕业。我在师大读书时，深喜自学，不爱听课，因而过了四年而学分不足，又补了一年学分，于1933年毕业。当时在吾兄申府的指导之下，已发过多篇学术论文了。

## 记忆中的第一次

平淡的一生中,也有许多第一次。最令我难忘的,是三回第一次。

1928年3月我在北京《晨报》的副刊上发表了一篇短文,题目是《关于列子》,这是我第一次在正式报纸上发表学术文章,内容是根据历史资料论证列子(列御寇)确有其人,并非子虚乌有。学术界有人认为列子是庄子的寓言,历史上并无其人,事实上不但《庄子》书中有列子,而且《吕氏春秋》《战国策》中也有关于列子的记载。列子是先于庄子的道家人物,是不能否定的。我认为《列子》一书基本上是伪书,但应肯定列子确有其人。这是一篇考据短文,虽然底稿已不存,但此事仍在记忆中。

第二回第一次是1936年5月我完成了50万字的专著《中国哲学大纲》。从1935年春写起,用了一年半的时间,写了50万字,以问题为纲叙述中国哲学的发展过程,展示了中国古典哲学的理论体系。当时以全力写书,所以很快写成了。写成之后请冯友兰先生和张荫麟先生评阅,冯友兰先生和张荫麟先生都表示首肯。冯友兰先生将书稿介绍给商务印书馆,商务印书馆也接受了,但迟至1958年才正式印出。这是我一生中唯一的一本几十万字的专著,后来也写了几本专著,但只有一二十万字了。

最有意义的第一次是1945年8月15日听到日本投降的消息,这是平生感到最大快乐的第一次。七七事变以后,天天盼胜利,年年盼胜利,经过八年,终于盼到了。当时听广播听到日本投降,我感到无比的欢欣,高兴得跳了起来,当时朋友们奔走相告,莫不感到最大的快慰。1945年8月15日是我一生中最快乐的一天。后来第二次感到快乐是在1976年10月听到"四人帮"倒台的消息,感到了一次精神的大解放。1966年"文化大革命"开始,流行"越有知识越反动"的口号,令人感到研究学术完全无望,对于中国文化的前途也丧失了信心。"四人帮"倒台了,感到正常的学术研究又有可能了,于是又燃起进行学术研究的热望。

在我的平凡的经历中,也还有若干第一次,如1933年9月第一次在大学(清华大学)讲课;1969年"文化大革命"中遵照"工宣队"的指示,第一次离京到江西鲤鱼洲"五七干校"参加锻炼,这是第一次到南方。1978年12月第一次参加"中国哲学史讨论会",被推为中国哲学史学会会长。但是这些第一次都没有1945年8月15日第一次感到最大快乐的深切意义。

## 靠边站

1966年6月1日,"文化大革命"开始,受命回校。北大东南门旁贴了一个纸条:"资产阶级教授靠边站。"我们一回校就"靠边站"了。

一开始,哲学系老教师在一起开会学习,不久就分为两组,一组是据说有问题的,如我和冯先生、洪谦、熊伟、沈履、周先庚、周辅成、黄楠森、朱伯崑、吴天敏、桑灿南等;一组是据说没有问题的,有郑昕、王宪钧、任华、宗白华、齐良骥、黄子通等。有问题的一组由黄楠森任组长,每天清晨到校园内扫地一小时,然后开会学习、写检查、抄大字报。没有问题的一组,后来黄子通也被揪出来了,原来他曾参加国民党,曾任区党部的委员,在外调中发现了,他冒充进步,终于被发觉了。宗白华也受到批判。我每天早晨到校内"一院"扫地,然后学习。不久冯友兰先生病了,住进医院,两月后出院,仍参加原组学习。我向冯先生表示慰问，但也有人对冯先生冷眼相看，如不相识。当时哲学系揪出所谓"黑帮"，共十几人，以冯定及王庆淑为首。他们每天"拔草"，接受批斗。当时很多学生到老教师家搜查，称为抄家。9月初的一天，哲学系五年级的一帮学生由助教庄印带队到我家搜查，闹了一下午，抄走了日记及笔记卡片等，而没有抄去我的著作手稿，这真是不幸中的大幸。冯先生被抄的次数更多了，但未动他的藏书。到1967年6月1日，"文化大革命"一周年，哲学系"文革"领导小组宣布：张岱年、黄楠森、汤侠声、叶朗、吴天敏五人检查得较好，予以解放，从此我们五个人不扫地、不抄大字报了。我遵命参加王宪钧、任华、晏成书等的小组学习，每天看大字报，听大喇叭广播，读《毛选》。1968年8月初，哲学系"文革"小组令我换房子，从原住房迁出，换住一间半的小房间。我不敢违抗，遵命以大换小（其实原来也不大），于是卖掉四平板三轮车的旧书，又卖掉沙发。当时家具店不愿收旧沙发，必须搭上一个书桌，总算勉强安置下来。

当时北大两派斗争激烈，1968年8月末，毛泽东思想宣传队进校，那天晚上，让我们迎候欢迎，等到深夜，一个工厂的宣传队到了，人们列队欢迎，我也参加在学生队伍中，接着开会，师生表示欢迎，我也说了两句欢迎的话，一个工人立即说，你们资产阶级教授没有发言权。我就不敢再说了。天天开会，过了几天，宣传队员又问我们，你们资产阶级教授为什么不发言呀？这令我确实不知如何是好。王宪钧同志问我，不说不行，说了也不行,这怎么办呀?这是老教师的共同感受。有一天,参加宣传队的某一工厂的领导同志魏书记找我谈话,对我说,你们老知识分子还是有前途的。这给我以莫大的安慰。当时我是参加群众学习的,还有不少老教师被关进监改大院,俗称牛棚,如冯友兰先生、冯定同志等都不能参加群众学习。后来,将哲学系教师都集中到38楼居住,每天开三段会,每天晚上要做思想汇报。1969年9月末,宣传队号召教职工到江西鄱阳湖畔的鲤鱼洲"五七干校"劳动锻炼,名单上有我,我就整理行装随着队伍乘火车前往江西。到鲤鱼洲之后,哲学系与历史系共组成第八连,住大草棚。初到鲤鱼洲,参加运石子、编草帘、插稻秧、修水坝等劳动。因年过六十,遂编入老年组,从事种菜劳动,同组还有王宪钧、周先庚、桑灿南、吴天敏、李长林等。鲤鱼洲土地是红土,有雨是泥,无雨如铜,泥地很滑,我经常摔跤,有一次滑倒,伤了左胫,痛了一百天才好。八连常让老年人值夜班,夜间坐在草棚外守望。我经常值夜班,夜阑人静,万籁俱寂,一片宁静,颇饶静观之趣。仰望天空,星云皎然。多年以来住在城内或近郊,房屋比栉,很难见到星斗,今一片空阔,仰望天空,北斗在目,另有一番情趣。1970年10月,八连领导宣布:石坚、张岱年、汤侠声等回校,于10月3日起程北归,回到北京。在鲤鱼洲整整一年,冯定、王宪钧等仍留在鲤鱼洲,次年才回京。

回到学校之后,参加工农兵学员的辅导工作。1972年,毛主席指示:"要学点哲学史",于是北大接受了编写中国哲学史教材的任务，组成写作组，由冯友兰先生、楼宇烈、朱伯崑和我参加。分配工作，我负责撰写宋元明清部分。此书后来由中华书局出版。

1976年，毛泽东同志逝世之后，党中央一举粉碎了"四人帮"，全国人民都无比欢腾，我感到获得一次精神的大解放。十年"文化大革命"中，深感研究学术前途无望，此时研究的夙愿又复活了。

# 怀念冯友兰先生

冯友兰先生是中国20世纪最有影响的哲学家之一，这是无论赞同他的人或反对他的人都同意的。今年（1995年）是冯友兰先生诞生一百周年，缅怀冯先生的业绩，感慨系之。

冯友兰在30年代初出版了两卷本《中国哲学史》，受到普遍的赞誉。（也有少数人表示不同意。）40年代，发表了哲学著作《新理学》，引起了广泛的争论。50年代转向马克思主义哲学唯物论，对于《新理学》作了自我批判，继而提出哲学遗产继承问题，区分了哲学命题的抽象意义与具体意义，被误称为"抽象继承法"，受到很多人的评议。在60年代"文化大革命"时期，被称为"反动学术权威"，受到严重的迫害。70年代在"批林批孔""批儒评法"运动中，冯友兰由肯定孔子转到批判孔子，从而受到称赞。1976年"文化大革命"结束，又因参加"批儒评法"而受到一些人的讥评。冯友兰多年以来虽受批评，而仍然坚持写作，表明自己的观点。冯友兰先生的一生反映了中国20世纪的时代的曲折和波动。

我曾经对于冯先生的思想转变以高度的评价。今天我仍然认为冯先生在50年代转向唯物论，从主张"理在事先"转到主张"理在事中"，具有重大的历史意义。这是从客观观念论到唯物论的巨大转变。海外颇有人对于冯先生的转变进行讥评。这里表现了哲学的学派性。冯先生这一转变，观念论者或唯心论者当然要反对；唯物论者当然欢迎。立场不同，态度迥然有别。冯先生的转变，也有其历史过程。他所著《新事论》在一定程度上已经接受了唯物史观，因而后来进而接受辩证唯物论并无困难。这表现了一个正直的思想家虚心追求真理的严肃态度。在50年代，也有另外一些正直的思想家坦率地声明，拥护中华人民共和国但不能接受唯物论，如熊十力先生等，这也是允许的。而冯友兰先生的转变是主动的内心的转变，并不是被迫的受动的转变。

在70年代"批儒评法"运动中，冯友兰参加了批孔的活动。在晚年所写的《三松堂自序》中叙述当时的经过说："1973年，批林运动转向批孔运动。批孔还要批尊孔。当时我心里又紧张起来，觉得自己又要成为众矢之的了。后来又想，我何必一定要站在群众的对立面呢？要相信党、相信群众嘛，我和群众一同批孔批尊孔，这不就没有问题了吗？"（《三松堂全集》第一卷第174页）"在领导和群众的鼓励之下，我暂时走上了批孔批尊孔的道路。"（第176页）当时他发表了批孔的文章，不但受到领导的赞许,也受到一些青年人的称赞。到了1981年,他作了自我批评,说:"这一部分思想就不是立其诚,而是哗众取宠了。"(《自序》第176页)他的自我批评的态度是诚恳的。

对于孔子进行评论,尊孔或者批孔,本来是一个学术问题。但在"批林批孔""批儒评法"运动中,却成了一个政治问题,实际上是一场别有用心的政治运动。冯友兰先生参加批孔,实为形势所迫。这也说明了当时处境的艰难,当时学术环境的异常。这是局外人难以想象的。在80年代,有一天冯友兰先生对我说:"我现在的态度改为《庄子·逍遥游》所说'举世誉之而不加劝,举世非之而不加沮'了。"我说:"作为一个哲学家,早应如此。"但在70年代,尤其在"批儒评法"的时期,他是不可能采取这种态度的。

冯友兰先生晚年以坚定的毅力写成《中国哲学史新编》七卷。对于《新编》,论者意见不一。此书是以马克思主义唯物史观为指导的,有些人不以为然,我则认为这是一个可贵的尝试。此书内容较两卷本为详,对于中国古代哲学中的唯物论思想阐述尤详,这是值得充分肯定的。我认为冯著《新编》是当代的哲学史研究的最高成就。

冯友兰先生是一个爱国主义思想家,他是为了祖国的昌盛而努力追求真理。他的学术著作充满了爱国主义的激情。他的学术见解可能不尽恰当,存在着许多可商之处,但是他为了祖国的复兴而追求真理的真情实感是必须肯定的。他的与祖国共命运同荣辱的民族情感是必须认真看待的。

他的《自序》的最后一章题为"明志",其中表达了他的终生的愿望。其中说:

> 我常以身为中国人而自豪,因为中国人既有辉煌的过去,又有伟大的将来。……我经常想起儒家经典《诗经》中的两句话:周虽旧邦,其命维新。就现在来说,中国就是旧邦而有新命,新命就是现代化。……中华民族的古老文化虽然已经过去了,但它是将来中国新文化的一个来源,它不仅是过去的终点,也是将来的起点。将来中国的现代化成功,它将成为世界上最古也是最新的国家。……新旧相续,源远流长,使古老的中华民族文化放出新的光彩。

这就是一个真诚的爱国主义者的心声,表达了一个恳挚的思想家的内心愿望。哲人已逝,留下了宝贵的学术遗产,是值得永远怀念的。

## 论胡适之

——关于胡适之的一些感想

我对于胡适没有深入的研究，20年代至30年代，我读过胡适的一些著作，如《中国哲学史大纲》上卷、《淮南王书》、《戴东原的哲学》、《白话文学史》以及一些小说考证等等。40年代之后，很少阅读胡适的著作了。《中国哲学史大纲》上卷出版之后，胡适之赠送我的长兄申府一本，我得以阅读，很感兴趣，对于书中关于墨子的论述很佩服，但是对于其中关于老子、孔子的论述，则觉得未免笼统肤浅，例如讲孔子所谓仁的含义即是"做人的道理"，这就未能揭示孔子所谓仁的确切含义。阅读胡适之所著《淮南王书》《戴东原的哲学》等，深感他的文笔清新明快，令人怡心悦目，而其内容却不够深刻。

我认为，胡适之的最大贡献是提倡白话文、发起文学革命。"五四"前夕开始的新文化运动有两大功绩，一是提倡新文学反对旧文学，二是提倡新道德反对旧道德。在道德革新方面，旧道德被打倒了，新道德却没有真正建立起来。在文学革新方面，白话文代替文言文的主导地位，却完全成功了。在文学革命的事业中，胡适之是首倡者，又是影响最大的一个。我常常想，胡适在中国文化史、思想史上的地位，与韩愈有类似处。韩愈提倡古文，"文起八代之衰"，取得了巨大的成就。胡适提倡白话文，使白话、语体文成为学术上、政治上文章的主要形式，其影响是非常重大的。韩愈以儒家道统的继承者自居，后来宋儒却不予承认，因为韩愈在哲学上造诣不深。胡适虽然是杜威的学生，但是对于哲学理论并未深入钻研。我的印象是，胡适之主要是一位文学家、史学家。然而，必须承认，胡适之在中国文化发展史上还是有重要的地位的。

胡适之自称有"考据癖"，关于考据方法他有两句名言："大胆地假设，小心地求证。"作为方法论的原则，这两句确有一定的价值，但是胡适之的考证文章，有时不免是大胆有余而小心不足。他的许多文章内容很精细，也有些文章却不够严谨。这也是难免的。

胡适之写了一篇《介绍我自己的思想》，内容主要是教给人们一种"防身"的法子，即防止受骗。事实上这是针对马克思主义而言的。我看到这篇文章的时候颇有一些反感，因为当时我已经是辩证唯物论的信持者。在马克思主义已经广泛传播的时代，胡适之却教人远离马克思主义，这就表明，胡适之已经由一个时代的先驱蜕化成为一个时代的落后者了。

　　胡适是文化讨论中的一个重要人物，是"全盘西化论"的首倡者。"全盘西化"的名称虽然不是胡适提出的，但是实际上他是"全盘西化论"的领袖。他再三宣称"中国百事不如人"，甚至说过"中国不亡，是无天理"。这虽然是愤激之词，并不表示他愿意当亡国奴，却是他失去了民族自信心的显著表现。中国固然有许多方面"不如人"，与近代西方相比，是落后了，但是也具有一些独具特色的优点，这是胡适所不能理解的。其所以如此的原因之一是他对于古代儒家、道家哲学中的精义邃旨不甚了解。

　　胡适之宣扬"全盘西化论"，但是在介绍西学方面，并没有做多少工作，他的精力主要放在"整理国故"方面了。他的整理国故，主要是表扬了几部著名的古典小说，在这方面确实有很大的成就，但对于西方的哲学思想与科学思想却用力较少。这也表明，胡适之的贡献是在文学和文学史方面，他主要是一位有重要贡献的文学家。

## 忆旧说梦

老来多梦，常常梦见几位前辈先生和老朋友。近年老成凋谢，许多前辈先生和老朋友都去世了。尽管他们的音容笑貌就宛如昨日，却只能在梦中相见了。常常入梦的有前辈金岳霖先生、冯友兰先生、朱谦之先生和老友张恒寿同志等。1948年年底，清华园解放，1949年至1952年，清华哲学系同仁经常开学习会，会中各人谈学习体会。每次会中，金先生的发言最为深刻，其见解的精辟常常出人意表，令人敬佩。所以我最喜听金先生的发言。可惜当时没有记录，其内容都已遗忘了。1952年院系调整，清华哲学系并入北京大学，1953年建立了教研室，冯友兰先生任中国哲学史教研室主任，每次教研会议都由冯先生主持。冯先生态度谦和，对于别人的不同意见都能平心静气地对待。朱谦之先生是由广州调到北大来的，参加中国哲学史教研室，每次教研室会议，朱先生都是率先发言，给人以深刻的印象。有一件事情印象最深。1966年"文化大革命",哲学系老教师在一起学习,当时在"南阁"开会。这时朱先生已调到宗教研究所,因为家住在北大,故仍在北大参加学习。有一次朱先生发言,其内容已忘记了,当时担任学习组长的一位年轻同志认为朱先生的发言内容反动,于是发动同组的老教师展开批判,但朱先生坚决不接受。朱先生和社科院领导联系,一定要那位年轻同志承认错误,表示道歉。当时朱先生有这样坚强不屈、刚直不阿的勇气,实在令人敬佩!后来朱先生迁居社科院宿舍,1970年我从江西北大干校回到北京,次年到永安南里看望朱先生,朱先生已卧病在床,必须有人扶掖才能起身,由朱夫人何绛云女士扶起来,畅谈很久。不意这是最后一次听朱先生的谈话了,但朱先生的音容笑貌仍常常在梦中出现。这两年常常在梦中梦见冯先生主持会议和朱先生发言的情况,醒来徒增悲怆!哲人其萎,追忆往日晤对,感慨系之矣!

张恒寿同志系大学读书时的莫逆之交,多年来虽不在同校工作,但每年总要晤谈四五次,惜乎也于前年病逝了。促膝畅谈之乐不可复得,在梦中却常常晤见,醒来益增追思。

今春二兄崇年(河北大学教授)又因病逝世,他的逝世使我忆起幼年在家乡居住时一起生活的情况以及20世纪20年代在北京西城大家庭中同住的情况。二兄平日乐于助人,在日常生活中经常给我以指导和帮助。50年代以来,二兄在天津、保定任教,与我分居两地了。近来梦中仍梦见在一起生活的情况,醒来益增悲怆!

  也常常想,故人已逝,无由晤对了,能在梦中相见,亦足慰怀!但醒来益觉酸楚耳。

  我平日习于抽象思维,不会写文艺作品,今忽然心血来潮,联系梦境,写此忆旧的短文,可谓痴人说梦!